超譯佛經

佛陀教你鍛鍊心靈自由的 190個練習

超訳ブッダの言葉

小池龍之介——編著

卓慧娟——譯　趙東明｜台大哲學博士——審訂

序文

「還是算了吧！」

有時候，我們會想放棄。有時候，我們會感到挫折。

「唉！怎麼辦呢？」

有時候，我們會感到忐忑不安。有時候，我們似乎抗拒不了邪惡的誘惑。

當我們的心像這樣在一不留意間變得脆弱，就是我們完全處於逆境的時刻。這種時刻，我總是吟誦本書第一三七～一三九則的《七佛通成偈》、第一四二～一四五則的《征勝經》或第一六二～一六五則的《慈悲經》，以助突破逆境。

佛陀極為精簡、切中核心的啟示，為我們灌注充滿生命力的勇氣。

告訴自己：「好！從零開始，再次出發讓內在煥然一新吧！」

一如佛陀使用明瞭易懂的言語向世人說法，寫成本書的用意也極為簡單。

我期待讀者拿到本書，隨手翻到任何一頁，排列在書頁上佛陀所說的一字一句，就如涼風輕掠而過，不著痕跡地滲透內心，將我們的心帶往正確的方向。

我們的內心受到勇氣的涼風拂過，或許是騷亂的內心因而平靜，又或是恍然醒悟，又或者是放手執著的事物得到安適，或是怒火能夠因而消退——這些「功效」才是寫成本書的目的。

因此，若是抱著追求「學問」、「奧義」、「學習」的目的閱讀本書，想必會大失所望吧！

希望各位不是抱著這樣的目的，而是直接用心去聆聽體會悟道的佛陀撼動我們內在核心的話語。

由於佛陀的言詞極為簡單質樸，若是把它想得複雜艱澀，或許反而無法了解。但是，若能敞開心胸，以坦率的心翻開每一頁，相信每次閱讀之際，都能如輕風拂過內心，將你推動到正確的方向。當你口中吟唸、仔細玩味，說不定，將會深深地喜愛上這些字句。

出生於古印度時期的佛陀曾經說過，而後由門下弟子背誦，口耳相傳所寫成的許多古老經典，我從當中選擇不論高中生或祖父母輩都能明白易懂的經文，再從其中挑選我個人喜愛的部分進行「超譯」而寫成本書。在用字遣詞方面，也盡量寫成不同年齡層的人都能夠閱讀的文句。

原始的經文，當然都是佛陀說給弟子或信眾聽的話語。除了佛陀的弟子阿難陀，還有與其他許許多多人的對話集結而成。

因此，原本許多經文中以「阿難陀呀！」、「阿杜羅呀！」、「舍利弗呀！」、「迦沙喬達彌呀！」等等，開頭是佛陀直接稱呼弟子或信眾的情況相當多。但是，為了避免讀者認為「阿難陀和我有什麼關係？又不干我的事。」所以本書中一律以第二人稱「你」寫成，希望各位閱讀時更有與佛陀對話的氣氛。

挑選佛陀經文的內容時，我從古老的經典中挑選特別短的經文寶庫——《小部經典》（Khuddaka-Nikāya）中收錄的《法句經》（Dhammapada）、《經集》（Sutta-Nipāta）為主，另外也挑選了較長的《中部經典》（Majjhima-Nikāya）、

《長部經典》（Dīgha Nikāya）、《相應部經典》（Samyutta Nikāya）、《增支部經典》（Aṅguttara-Nikāya）。

這些經文幾乎全都是佛陀對出家修行的入門弟子說法的內容。不過這些內容對於我們一般現代人而言，可能多數看起來會覺得嚴苛或難以接受。

為了彌補其中的差距，我保留了經文的核心主旨，大膽省略部分經文，或甚至補充與置換想法。就結果來說，其中也有乍看之下甚至無法得知原貌的「超譯」，在此先向讀者說聲抱歉。

超譯經文時，我參照古印度摩揭陀國方言的巴利語原文經典、英語版的譯文，和昭和時期日本的《南傳大藏經》全譯本，以及參考由中村元翻譯，岩波文庫收錄的版本。

全書的內容為依我個人喜好選擇的一九〇則經文，大致分為十二個主題，編排成第一章到第十二章。前半的部分，相較之下偏重以日常的內心狀態能夠閱讀、較為輕快的內容。

人心紛亂，容易煩躁焦慮的現代社會中，轉瞬間就破壞幸福感的「毒素」，如何讓它平息的內容，我將它編排在第一章。雖然本書沒有必要依序從第一章開始閱讀，但希望各位閱讀這一章時能夠沐浴在洗滌「忿怒」毒素的清流之中。相反的，進行到後半的內容時，編排的則偏向違反一般世界觀或人類觀的內容。

話雖這麼說，以適當的方法違反常識（洗腦的另一個用詞）、削減常識的力量，應該也是去除汙垢，求得安適心靈的一個過程。

比方說最終章收錄「死亡」的內容。

生而為人，「無論如何都要想辦法活得更長久」的生存本能組成在我們的ＤＮＡ中。「想活下去、想更快樂、想擁有更多」的「常識」，對於妨礙自己的生存或利益的人事物，將會下意識地一再產生攻擊的衝動。

「總之要活下去！總之要享樂！」的ＤＮＡ命令，以嚴肅的真理「不，我一定會死」來對抗，就能成為膚淺的生存本能的解毒劑。只要身心徹頭徹尾地了解「啊，我確實會死」，就能削弱「為了活下去，即使從別人那裡奪取快樂也在所不惜」的命令。

先從這一點做起，有如被驅策、盲目拉車往前的馬終於脫韁，我們的心就能重獲自由。如此一來，我們就能實現沉穩安適的內在，或者再次發現平凡的幸福。

這個面對死亡的最後章節，是摘錄自《長部經典》的《大般涅槃經》，佛陀在八十歲時，面臨自己的死亡之際，留下了這樣的語錄。本書最後一則，譯出他留給弟子的遺言，做為最後的謝幕。

佛陀，本名悉達多．喬達摩。雖然他以釋迦族的王子身分出生，被世人尊稱為釋迦或釋尊。但他始終是以身為一個人，到死之前，留下了種種話語。另一方面，這裡超譯的《經集》等古老經典中，出現許多把佛陀過度神格化，將他奉為偉大的「教祖」般的制式化描述。

這種神格化的表現，是創造「佛教」的組織集團為了打造出權威感的操作手法，看得出是「偽造」內容的地方，本書予以削減或不收錄。

若是要忠於佛陀一再勸戒弟子的說法——「絕對不要依賴我，應憑藉你自身的感覺」，重要的不是供奉佛陀，不是把佛陀做為崇拜依賴的對象，而是盡力活用他留下來的訊息，實踐兩千五百年前出生、死亡的導師留給後世的話語。

臨濟禪師曾說：「見佛殺佛」，即意謂應當扼殺想要崇拜佛陀的脆弱內在。

在炎熱太陽照射下，生活環境嚴苛的印度，佛陀大放異彩的這個國家，由於艱苦的環境，從古代開始，就發展數學、化學等等研究，孕育出極富邏輯性的思考。

或許也能說強烈的日照下，孕育出坦率思考的土壤之中，同時也孕育出佛陀極富邏輯而且具心理學的探討。

相較之下，日本人容易傾向沉醉於感傷的情緒，這樣的特性或許可說是造成各種煩惱的元凶。日本的濕氣若能夠藉由古印度智慧的太陽，得到充分的曝曬蒸發，或許就能讓潮濕悶熱的內心，擁有良好的通風，而得到舒暢安適。

接下來，就讓我們輕輕地敞開內心，進入「佛陀的話語」吧！

小池龍之介

《超譯佛經》目錄

一 不生氣

二　不比較

三　不貪求

四　改變業

五　慎擇友

六　知幸福

七　覺察自我

八　觀照身體

九　變得自由

十　學習慈悲

十一 悟

十二　面對死亡

一

不生氣

〇〇一

如果有人讓你吃盡苦頭

要是與你敵對的人讓你吃盡苦頭，看到你因此沮喪、鬱鬱寡歡，對方想必喜不自勝地歡呼：「耶！活該！」

所以，了解「真正損益」的人，不管吃了什麼苦頭，也不會哀歎，而能保持平常心。和平時一樣毫無改變，保持平靜。敵手看到你平靜的表情，則會因此大失所望地說：「呿！真沒趣！」

說來諷刺，刁難敵手、困擾對方的最佳辦法就是不動怒，保持開朗，就是這麼簡單。

增支部經典

〇〇二

有人惹你生氣時

一個你討厭的人正在氣頭上，如果你也受到影響跟著無明火起，火上澆油地對他說：「呿！幹嘛發這麼大脾氣！」你就是因對方的忿怒做出惡行。

不會對正在生氣的人感到忿怒，才能有效對抗難纏的敵人，並獲得真正的勝利。

就算比任何人都更早察覺他人的忿怒，而你的心也似乎沾惹了怒氣，這時應當覺察並冷靜下來。

這麼一來，不論是你或對方，都等於進行了一次心靈的治療。

當你平靜地接受對方怒氣時，你們彼此的忿怒不久就會歸於平靜，得到緩解。

相應部經典

〇〇三 ☸

有人誹謗你時

要是他人誹謗你，使你感到很受傷，請你不妨想一想：誹謗他人的現象，並非現代才有的產物，而是從遠古時代就一直持續至今的現象。

沉默寡言的人，被人說是「悶葫蘆」；話說得多了，又被人批評「吵得像機關槍」；即使講究禮節而說話的人，也會被人中傷「一定有什麼企圖」。

阿多羅應知！此非今日事，古語已有之：
默然為人誹，多語為人誹，寡言為人誹。
不為誹謗者，斯世實無有。

法句經227

〇〇四

任何人都會受誹謗

世上的任何一個人，都會在某些地方惹得某些人生氣。
因此遭人誹謗是理所當然的。
不管過去、現在或未來，這是亙古不變的事實，
所以不需要把他人的誹謗放在心上，左耳進右耳出就好了。

全被人誹者，或全被讚者，
非曾有當有，現在亦無有。

法句經228

〇〇五

忿怒的火苗

「那個人辱罵我！」
「他傷了我的心！」
「他偷偷搶先我！」
「他搶走我的利益！」

由於發生這類情況而燃起心中的怒火，不斷地在心中反覆咀嚼，這些恨意就永遠無法平息。只要回想起來就怒火中燒，你永遠都無法得到心靈的平靜。

「彼罵我、打我、敗我、劫奪我」，
若人懷此念，怨恨不能息。

法句經3

〇〇六

跳脫忿怒的循環

「那個人批評我！」

「他踐踏我的心！」

「他打垮了我！」

「他竊取我的創意！」

停止讓這類情況點燃心中的怒火，從一再重複的情緒中解脫，這些恨意才能平靜不起波瀾，使你的內心得到平靜。

「彼罵我、打我、敗我、劫奪我」，
若人捨此念，怨恨自平息。

法句經4

〇〇七

拒吃名爲忿怒的手工料理，轉身離開

想像一下：你招待親友來家裡吃晚餐，你親自大展身手，準備了一桌豐盛的菜餚。

但是很不巧的，你的親友臨時有事，因而立即紛紛告辭離去。於是你家的餐桌留下滿桌沒人吃的菜餚，當大家都離開後，只留下你一個人孤單地吃這些菜。

就像這種情況，如果有人以忿怒攻擊你，這就猶如對方招待你吃名為忿怒的劇毒料理。

如果你能保持冷靜，不因為他的挑釁而動怒，這就是拒絕吃他做的這盤名為忿怒的劇毒料理，掉頭離開。

這麼一來，正在生氣者的內心所製作的劇毒料理，你連一口都沒碰，就完全被留下來了。

要是那個人獨自吃下所有忿怒的毒料理，不就是自取滅亡了嗎？

相應部經典

巧妙地避開攻擊

即使受到他人攻擊，如果你做出反擊，你內心的憎恨或對方內心的憎恨都無法平息，只會使彼此的憎恨越發強烈，怨怨相報。即使受到攻擊，心裡想著：「算了！我不恨你。」學習相撲中的閃肩招式般，讓對方撲空，相互間的憎恨才能真正得到平息。這是永恆而普遍的真理。

於此世界中，從非怨止怨，
唯以忍止怨；此古聖常法。

法句經5

〇〇九

不管是你或對方，有一天終將死去，從人世間消失

和他人敵對而產生糾紛時，不妨試著刻意不予理會。因為你和對方總有一天都會死去，從人世間消失。

你以外的人雖然迷迷糊糊地忘卻「自己總有一天會死」的真理，只要你很清楚地意識到這個真理，忿怒或爭端應當都會平息。

告訴自己：「不管是走向哪一條道路，你總有一天會離開這裡；不管是走向哪一條道路，我也是總有一天會離開這裡。所以，沒什麼好計較。」拋開忿怒，回復你平靜的心。

彼人不了悟：「我等將毀滅。」
若彼等知此，則爭論自息。

法句經6

〇一〇

不應非議他人的原因

任何人出生時，口中都長有一把利斧。人們常以這把利斧傷人，卻在不知不覺中使得自己的心靈也傷痕累累。

這是因為每一次你用勁揮下非議他人的惡口之斧，不但你的心變得僵硬，你的腦內也產生不愉快的神經刺激，不僅使得你的內臟產生毒素，連帶你的呼吸氣息也混著毒素。

出生之人嘴中都長有一把斧，
愚者口出惡言，
用這把斧劈砍自己。

經集657

不應使他人痛苦的原因

你是否會故意藉著讓別人痛苦，以獲得消除壓力的快樂呢？

比方說，當對方問你：「下次什麼時候可以再見面呢？」你故意回答：「這個嘛……不知道。」看到對方不安、痛苦的表情，因而自以為高人一等，產生優越感的錯覺。

或是故意長期拖延工作往來對象委託的電子郵件，造成對方困擾，覺得對方「活該」，想看對方出糗的錯覺。

像這樣，一旦養成讓別人痛苦來使自己獲得快樂的習慣，將會在心中積蓄忿怒的業，把自己囚禁在負面思考的牢籠。

施與他人苦，為求自己樂；
彼為瞋繫縛，怨憎不解脫。

法句經291

〇一二

你的怒氣傷害的事物

練習不論面對任何人，都不要因為忿怒而忘我地以攻擊性言詞傷害對方。

若是你以粗言惡語攻擊對方，想必只會招徠報復的攻擊。

「我就是討厭你這麼優柔寡斷！」像這樣惡意戳中對方最深的痛處，被你攻擊的人就會感染到忿怒，他也會以你最不想聽到的話來反擊：「你才是拖拖拉拉、猶豫不決！」

這類在情緒激動下脫口而出的言詞，被指責的一方當然不好受，但是說出口的一方，同樣也是傷害了自己的心，疲累了身體。

對人莫說粗惡語，汝所說者還說汝。
忿怒之言實堪痛，互擊刀杖可傷汝。

法句經133

〇一三

除了你自己，誰也無法眞正傷害你

厭惡你的仇敵對你做出很惡劣的行為，
這沒有什麼大不了。
憎惡你的仇敵總是不斷找你麻煩，
這沒什麼大不了。
只有在你因為忿怒而心靈扭曲時，
才會帶給你自身千百倍以上的摧殘力量。

仇敵害仇敵，怨家對怨家，
若心向邪行，惡業最為大。

法句經42

〇一四

掙脫忿怒的鎖鏈

「我已經受夠了！太離譜了！」
你內心的忿怒若是大幅蔓延，
腦內將釋放神經毒素，使得體內毒性異變擴大。
就像萬一你被毒蛇咬了腳，
毒性擴散到全身。
只要你耐心地尋找藥草，敷上之後，
不久毒性就會消散，撿回一命而鬆一口氣。

在內心悶燒的忿怒之毒，
敷上冷靜的藥草全部加以消除，
才是真正地重生。

捨棄一切忿怒的你，
已經從持續的生之苦，
優雅輕盈地掙脫吧？

是的，就像蛇蛻去了皮，
脫胎換骨般地獲得新生。

他抑制冒出的怒氣，
猶如用藥抑制擴散的蛇毒，
這樣的比丘拋棄此岸和彼岸，
猶如蛇蛻去衰老的皮。

〇一五

爲愉快及不快的大腦麻藥解毒

所有的口角及糾紛、令人厭煩的口舌是非，掀起這些波瀾的元凶，都是腦內合成的愉快及不快物質的大腦麻藥所造成。

由於口舌之爭落敗，看到比自己出色的對手，腦內的不快麻藥泉湧而出，只是一味地想擊垮對方。

當自傲地以為能夠勝過對方，因而完全沉醉在「看我來教訓你」的優越感，腦中的快感麻藥狂湧而出，因而一味地固執己見。

若是能夠分泌穩定的解毒劑，抑制這些「愉快」、「不快」的神經網路，你就能遠離一切紛擾。

請你說說，
許多爭吵、爭論以及悲哀、憂傷和妒忌來源於何處？
許多驕傲、狂妄以及毀謗來源於何處？

經集862

在這世上，欲念來源於何處？
許多抉擇來源於何處？
許多忿怒、謊言和疑惑來源於何處？
或者說沙門所說的種種事物來源於何處？

經集866

人們在這世上聲稱快樂和不快樂，
欲念由此產生；
看到諸色的消失和產生，
世上的人作出抉擇。

經集867

〇一六

不報復

即使忘了防禦你的內心，
以致一不留神因為刺耳的言語而受傷，
也不要以帶刺的言語反擊。

因為你能夠看穿自己的內在，
所以完全沒有必要與他人敵對。

從嚼舌的沙門那裡聽到許多閒言閒語，
不要惱怒，不要用嚴厲的語言回敬他們，
因為善人不與人為敵。

經集932

〇一七

不要看對方的惡，而是要看自己的內在

即使注意到他人的「惡」，你也不必煩躁不安。不需要一一緊盯著他人犯了什麼過錯，或是他人已做與未做的善惡。

你應該把視線關注在自己的內心，好好地看個仔細。「我是否犯了什麼過錯？我是否做了惡行？還是有未做的善行？」

不觀他人過，不觀作不作，
但觀自身行，作也與未作。

法句經50

○一八

輕易拋開自尊心

忿怒必須直接丟掉！

「本大爺是最了不起的！」

「我值得被褒揚！」

「我的品味出類拔萃！」

「我受到重視是理所當然的！」

就是因為內心抱著這樣的傲氣，所以每次面對不符合內心期待的現實，你就會受到忿怒的支配。

留意內心這樣的傲氣，然後將它統統拋開。
跨越一切的精神障礙，身心都無所罣礙，不會受限於任何事物，
你應當就不會再有忿怒與痛苦了。

捨棄於忿怒，除滅於我慢，
解脫一切縛，不執著名色，
彼無一物者，苦不能相隨。

法句經221

〇一九

不應與他們同流合汙最差勁的人（一）

動不動就勃然大怒的人。
總是無法忘懷怨恨的人。
隱匿自我缺點的人。
強迫別人接受自己的好意，讓自己看起來比實際良善的偽善者。
要知道這些人是最差勁的，你不應與他們同流合汙。

懷有怒氣，懷有敵意，
邪惡狡詐，見解錯誤，弄虛作假，
應該知道這種人是無種姓者。

經集116

〇二〇

不應與他們同流合汙最差勁的人（二）

父母、兄弟姊妹、配偶，以及配偶的父母。
對於這些身邊重要的人，
總是對他們做出讓他們厭惡的舉動，以言語傷害他們，使他們困擾的人，
即使那些人在別人面前扮演「好人」，
在公司、在學校總是對人親切，
你要知道這些人是最差勁的，不應與他們同流合汙。

用言語傷害或激怒父母、兄弟、姊妹和岳母，
應該知道這種人是無種姓者。

經集125

〇二一 ❁

在不愉快的狀況下也能保持平靜嗎？

告訴你一個以前發生的故事。

很久以前，叫做耶蒂希嘉的女人，她是個有錢人而且名聲很好，大家都說她是個「溫和有耐性又冷靜的人」。

耶蒂希嘉雇用一個名叫嘉利的女僕，有一天嘉利突然心想：「大家都說我的主人溫和有耐性，然而，她是內心有忿怒，只是不會表現在臉色？或是內心真的毫無忿怒、心思清明的人呢？我就來試探看看吧！」

於是嘉利故意賴床，遲到了很久才去工作。耶蒂希嘉立即勃然大怒地責備她：「你為什麼遲到？」嘉利回答：「主人，這有什麼大不了的？」聽到她的回答，耶蒂希嘉更是怒火中燒，用鐵棒狂打嘉利的頭，「遲到還敢說有什麼大不了的，你太囂張了！」嘉利的頭，鮮血直流。

經過這次試探，大家終於了解，耶蒂希嘉只有在平順的狀態，也就是沒遭到任何不愉快的狀況，或是不愉快的言語對待，才能保持溫和冷靜。

如果你在不愉快的狀況下，仍然可以不發脾氣，才真正有資格被稱為「溫和有耐性又冷靜的人」。

中部經典《鋸喻經》

〇二一

眞正有大智慧的人

即使情人或朋友責備你：「真是不可靠！」
即使惡棍無賴罵你：「混帳！」抓住你，對你拳打腳踢。
如果你仍然不生氣、不畏懼，保持平常心冷靜對待。
具有如此高度的忍耐力，
你才擁有與強大軍隊相當的實力，夠資格被稱為有智慧的人。

能忍罵與打，而無有瞋恨，
具忍力強軍，是謂婆羅門。

法句經399

〇二三

戰勝內心潛藏的四惡

把「不生氣」做為武器，
戰勝內心潛藏的「忿怒」。
把「正向思考」做為武器，
戰勝內心潛藏的「負面思考」。
把「分享」做為武器，
戰勝內心潛藏的「慳吝」。
把「只說事實」做為武器，
戰勝內心潛藏的「謊言」。

以不忿勝忿。以善勝不善。
以施勝慳吝。以實勝虛妄。

法句經223

〇二四

無論發生什麼都不動搖的練習

我跟你說，要是你的敵人抓住了你，
用鋸子把你的手腳鋸斷了，
你一定會痛得死去活來。
你的手腳，將會把肢體的痛苦傳達給神經，
對於身體遭受的苦痛，你的心裡將會有所反應。
「真可恨！」如果你的內心非常忿怒，因而產生動搖，
你就無法成為我的弟子了。
如果是我的弟子，
不論有人對他做了什麼，都必須練習下面這件事。
「我要練習不管發生任何事，內心都不能動搖。
練習不受忿怒驅使而說出負面的言詞。
練習不動怒，

即使厭憎的人，也能以耐性及同情對待他們。
對他們充滿慈悲，
而且，練習對待一切有情眾生，
毫無敵意並充滿慈悲之念。」

諸比丘！若以有柄之兩面鋸，共盜賊、賤業者，以肢肢截斷之，其時若亂其意者，彼如是非遵我教者也。諸比丘！於此時，亦然，「我等之心不得變，我等不發惡語，我等憐愍心，而於慈心住，不抱著瞋恚，而且對彼人以俱慈之心，充滿而住，以彼為出發點，以一切世間俱慈之廣大、廣博、無量、無恚、無害之心，充滿而住。」諸比丘！如是汝等實是應當學。

中部經典《鋸喻經》

○二五

心靈的安全駕駛員

就像是駕駛一輛失控的車子，你握著方向盤，
要保持車子正常行進，
你若是能夠控制失常的情緒，保持平常心的話，
我就稱呼你為「心靈的安全駕駛員」吧！

倘若你無法控制忿怒的情緒，
只是茫然地握著方向盤，
你就只是任由失控暴衝的車子擺布的新手。

若能抑忿發，如止急行車，
是名善御者，餘為執轠人。

法句經222

二

不比較

〇二六

只顧自讚自誇的時候

旁人沒問就滔滔不絕地說著自己有多麼的努力不懈、

自己的成就、

自己認識哪些名人、

自己的工作有多了不起。

如果你成為如此自大傲慢的人，

真正的賢者應該會認為你「很膚淺」，對你敬而遠之。

未經詢問便向別人讚揚自己的德行戒行，

智者認為這種自我吹噓的人不高尚。

經集782

〇二七

若是你沒有掉入自大的陷阱

若是你的心沉穩平靜無波，
你應當不會誇耀自己的成就——
「我完成了！」、「我真是太厲害了！」
只要你成功之際，沒有掉入狂妄自大的陷阱，
賢者自然就會因為你「心靈高潔」而仰慕你。

平靜沉著，
不稱道自己品行如何如何，
在這世上任何地方都不驕傲，
智者認為這樣的比丘高尚。

經集783

〇二八

愚者成就了什麼？

愚者只要成就了某件事，就迫不及待地想昭告天下——

「你知道嗎？我做了這樣的事唷！」

「真希望受大家尊敬！」

「真希望大家來奉承我！」

「真希望有人來拍我馬屁！」

物欲及淺薄的眼光表露無遺。

「希望大家都知道我做了什麼！」

「希望大家都照我說的去做！」

全身充滿這些幼稚的物欲，

愚者的欲望及傲慢，

將會膨脹肥大起來。

愚人騖虛名：僧中作上座，
僧院為院主，他人求供養。

法句經73

「僧與俗共知——此事由我作，
事無論大小，皆由我作主」，
愚人作此想，貪與慢增長。

法句經74

〇二九

忘了「某某人的」幸福

「這個點子是我的原創。」
「這是他的提案。我輸給他了。」
「這是那小子的意見。我才不屑！」
這些「某某人的」褊狹看法，
使得你的內心，為區分你我他而苦。
「自己的」、「他人的」，
若你能拋開這兩者的話，
即使一無所有，你仍然能夠擁有一顆幸福的心。

他不考慮自己有什麼，
也不考慮別人有什麼；
他沒有私心，
不為自己沒有什麼而悲傷。

經集951

〇三〇 ☸

以同樣的心情接受批判及讚賞

不管是被他人謾罵或批判，還是受到他人尊敬或讚揚，
都是以同樣的心情去看待。
即使有人辱罵你「為什麼連這麼一點事都做不好？」
因此而感到低人一等時，應及早察覺，
「算了！」讓它隨風而逝。
即使有人誇獎你「不愧是你！真厲害！」
因此被自傲優越感占領內心，也要及早察覺，
「算了！」讓它隨風而逝。

在村莊裡，
無論受辱罵，還是受讚揚，都應該一視同仁；
要克制心中的忿怒，不驕傲、平靜地生活。

經集702

○三一

因他人評價而來的快樂或不快樂，都是虛幻

當旁人批判你，給你負面評價時，「反正我就是這樣……」不要因而被刺激以致內心動搖，覺得矮人一截。

即使旁人誇獎你、讚揚你，也不要因此而眼高於頂，「看！現在終於知道我的才能了吧！」產生傲慢的優越感。

基於他人評價而產生的愉快或不快，只不過是腦內產生的幻覺。因此，應當排除渴望受讚美的小器欲望；以及排除受貶抑時厭憎的忿怒。

比丘不應該因受譴責而發抖，
因受讚揚而得意；
他應該摒棄貪欲、忿怒、誹謗和妒忌。

經集928

不追求快樂的刺激

即使受人讚許，也不要一再沉浸於腦內「啊！心情真好」的愉悅反應，貪戀被讚美的快樂。即使博得好評，也不應狂妄自大。

不追求快樂的刺激時，你的態度自然能夠泰然自若，以溫言軟語因應不同狀況。

若是心境能夠如此沉穩不起波瀾，就不需信奉特定宗教或某個人，也不需要汲汲營營於「一定要讓心情平靜下來」。

不貪戀享受，不狂妄，
溫文爾雅，聰明睿智，
不輕信，不厭棄他人。

經集853

〇三三

不自以爲是

「你看！我很厲害吧！」不要成為這樣驕矜的人。有些人即使沒有露骨地以言語自誇，仍會在行為舉止中表現出狂妄自大。不要整天誇耀自己的豐功偉業，總是向人炫耀：「大家看看我！」即使心靈有所成長，也不要自以為是。

同時，不要在不自覺時得意忘形，以言語傷害他人。

比丘不應該自吹自擂，
不應該胡言亂語，
不應該學會驕橫，
不應該挑起爭論。

經集930

〇三四 ☸

不固執己見

固執自己的創見，
老是自豪：「我的點子超讚！」
一定會遭受他人的討厭與批評。
即使有一部分的人佩服且讚賞你，
也會認為你不好相處，對你敬而遠之。

一些人堅持觀點，爭辯道：「這是真實。」
這樣，他們或者受到譴責，或者受到讚揚。

經集895

〇三五

即使你的意見被採納

老是在他人面前自吹自擂的結果，
偶爾有人贊同你的意見，
你就充滿優越感：「看！早就說我才是對的！」
若你因此喜形於色、趾高氣揚，
性格將因而產生自命不凡的傲慢。

在集會上振振有詞，博得讚揚，
他便笑容滿面，趾高氣揚，
如願以償，達到目的。

經集829

〇三六

傲慢只會加劇痛苦

狂妄自大將在不知不覺中加深你的痛苦。強行要他人接受你的意見獲致成功的滋味，使得你的言詞更顯得目中無人。強迫他人接受意見卻失敗時，將使你心浮氣躁；倘若成功，便容易居功自傲，這樣的性格，對你沒有任何好處，只會使你的心不斷地變汙濁。

倘若你了解這個道理，就不會再大言不慚地強迫他人接受自己的意見。

驕傲是失敗之母，
而他依然趾高氣揚，誇誇其談，
看到這種情形，應該迴避爭論，
因為智者認為純潔不靠爭論。

經集830

〇三七

不與人爭辯

即使受他人讚美，腦內泉湧般地釋放快感物質，受讚美的愉悅終究會一閃即逝，只是剎那間的自我安慰，對於帶來心靈平靜沒有任何幫助。自誇自傲不會有任何成果，帶來的只有「受人厭憎」、「受人讚揚的自我安慰」而已。

若是了解這個道理，知道不與他人競爭才能帶來平靜，就不要再與他人爭論。

我說，
爭論的兩種結果都微不足道，
不能帶來平靜。
看到這種情形，不要參與爭論，
應該在沒有爭論的地方尋求平靜。

經集896

〇三八

輕鬆地轉換思考

人總是容易固執己見，
卻不擅於接納他人的意見。
你應當時時練習拋開己見，
輕鬆自如地轉換思考。

中部經典《削減經》

〇三九

不比較

不要把現在的自己和過去或他人比較，自認了不起，「我比他優秀！耶～」或是「我比以前傑出多了！真厲害！」

也不要因為比較而自我貶抑，「我比他差勁！唉！」或是「和過去相較之下，我現在真是遜斃了！」

另外，也不要去比較：「我和他一樣」、「我和過去沒什麼兩樣」。

即使他人問了有關你自尊心的問題，不需要去想像而優越自大或低劣渺小，應冷靜回答，避免自我意識過盛。

他不要因此認為自己高於、低於或等同於別人；
即使別人再三詢問，也不要讓自己陷入這種考慮。

經集918

〇四〇

不計較勝負

「我們平手呢！」

「我贏了！」

「我輸了！」

如果被這三種思考支配，你就會開始想要駁倒對方、向對方找碴。

例如：「都是因為你中途搗亂，才把工作程序搞得亂七八糟。」

為了守護無聊的自尊心，遷怒他人，和對方起衝突。

由於計較勝負，以致彼此心情都變得很差。

不計較「平手」、「贏」、「輸」，完全不把勝負放在心上，就不會態度傲慢，也不會有口舌之爭，和平就會到來。

考慮自己等於、優於或低於別人，
就會由此發生爭執；
不考慮自己等同於或優於別人，
便會在這三種情況下都無動於衷。

經集842

○四一

不競爭

爭執、競爭、戰鬥。
做這些事的人絕不會快樂或感到輕鬆。
勝利者招徠的是對方的怨恨，
落敗者也為壓力筋疲力盡。
因此，內心堅強的人，不會在意勝負，
不會有睥睨一切的優越感，
也不會有失意頹唐的挫敗感。
能夠過著悠然自樂的生活。

勝利生憎怨，敗者住苦惱。
勝敗兩俱捨，和靜住安樂。

法句經201

○四二

談話用詞有彈性地配合對方

不要執著於使用艱澀的專業術語來交談。

「實存而源源不絕的動搖性，基於先驗理論所構成的同一性，有其被回收的必然性叭啦叭啦……」這種哲學性論述，除了哲學專家，大概任何人聽了都是一頭霧水。

「關於這種經營基模的solution，能夠systematic你的動機，並追求elegant。」這種夾雜經營用語的內容，除了專研經營學的人，誰聽了都會覺得頭昏腦脹。

「對肉身以偈用念正思惟」，若使用這類的用語，除了專研佛教的人，誰都只會回你一聲「啥？」最佳的溝通，應當不要拘泥於使用專業術語，與人交談時，應配合對方，保有說話的彈性。

中部經典《無諍分別經》

不加入爭辯

堅持己見的人，如果一副要與你爭吵的樣子，「老子說的才是真理，你根本大錯特錯」，你只需泰然自若地說：「原來如此。也有這種思考角度呢！我似乎能夠理解你會這麼想的心情。」

當對方採取對立的姿態，想找你的麻煩，不要隨他起舞，不妨淡定地說：「雖然你這麼堅持你的想法，但這裡並沒有與你爭論的對手。」

若是能夠拋開執著、不固執己見，造成爭端的痛苦就會自然消失無蹤。

〇四三

那些人持有觀點，進行爭論，聲稱「這就是真理」。

你與他們去爭論吧！

因為在這裡，即使你挑起爭論，也沒有對手。

經集832

○四四 ☸

不非議、不讚揚，只說法則

你應該記住，讚揚他人或是貶抑他人，以致刺激他人自尊，都會擾亂對方的內心。

不讚揚也不非議，只需告訴對方法則：「這麼做，就會產生這樣的結果。」

假設對冥想修行的人說：「因為執著於某個欲望，修鍊愚蠢的冥想法，只會使得自己更痛苦罷了。」這就是非議對方，使得對方焦慮不安。

「你沒有執著於欲望去修鍊愚蠢的冥想法，真是正確地實踐沒有痛苦的修行呢！」這樣的說法是讚揚對方，使對方興奮浮動。

不要讚許，也不要非議，單純告訴對方：「不要執著於欲望而修鍊冥想法，就是正確地實踐沒有痛苦的修行。」這樣的說法，才是單純地敘述法則。

這是為了對方、也是為了你自己。

應知稱讚，應知譏訾。

知稱讚，知譏訾已，

即不稱讚、不譏訾而應說法。

中部經典《無諍分別經》

二條道路

一條是汲汲營營追求利益、名聲的寂寞之道。
一條是求得心靈安適的真理之道。
如果是來我這裡求道的學生，
應當拋開世間評價及名聲，
尋求孤獨中自我的內在。

〇四五

一道引世利，一道向涅槃。
佛弟子比丘，當如是了知：
莫貪著世利，專注於遠離。

法句經75

三

不貪求

匱乏感增加

忘了觀照自己的內心，
不知不覺中你的內心，就會產生因匱乏感而造成的黑洞。
「我想要更多、我覺得還不夠！」一永無止境地追求的渴愛將大幅增加。

就像森林中四處奔跑尋找香蕉的猿猴，
你的心也不斷到處尋尋覓覓，
至死都沒有休止的一刻。

若住於放逸，愛增如蔓蘿。
此生又彼生，如猿求林果。

法句經334

匱乏感的移轉

即使用鋸子鋸倒樹木，只要它的根部茁壯，就會再度起死回生。同樣的，侵蝕你內心的匱乏感因為過於強烈的詛咒，就算暫時平靜，但因為沒有斬草除根，所以仍會伺機蔓生，讓你痛苦、感到「匱乏」。

比方說，內心覺得「為什麼今天沒辦法見面？」而感到空虛，當對方和你見了面而平靜下來，卻又立即因為「為什麼都沒注意聽我說話呢？」內心再度感到空虛。這就是匱乏感的癌，移轉到別的地方。

不傷深固根，雖伐樹還生。
愛欲不斷根，苦生亦復爾。

法句經338

〇四八

燒盡匱乏感的根源

我要告訴你一件事。
你可以很幸福。
盤踞在你內心，一直告訴你：
「我想要更多、我得到還不夠、我還要！」
這個匱乏感的根，你必須連根拔起，將它燒成灰燼。

就像從毘羅那草的根部萃取香料的人，
他們會將毘羅那草連根拔起。
你也要把名為匱乏感這株受詛咒的草，連根拔起燒毀它。

不要讓痛苦的惡魔再度抓住你，
擾亂你的內心。

我說此善事：汝等集於此，
掘愛欲之根，如求毘羅那，
掘去其甜根。勿再為魔王，
屢屢害汝等，如洪水侵葦。

法句經337

○四九 ☸

斷絕渴愛的根源

寂寞的渴愛是一條湍急的河流，
有如到處移轉的癌細胞，
流向各處，四處移轉。
每當以為滿足了，卻又立即覺得匱乏。
你想敷衍因匱乏而生的渴愛，於是
「我想要那個！」
「我想做更棒的工作！」
「我希望更受大家尊敬！」
名為任性的植物繁茂叢生，使得你苦不堪言。

若是你驚覺這株植物滋生，
應該以智慧的鏟子，將植物連根鏟除。

欲流處處流，蔓蘿盛發芽。
汝見蔓蘿生，以慧斷其根。

法句經340

〇五〇

不製造愛得死去活來的對象

不要製造愛得死去活來的對象，
令你神魂顛倒的對象，
無法如你所願時，
尤其是當你失去他時，
你的心將會痛苦得無以復加。

若是你能夠從「我想要、我想要」
一味貪求的咒語中解放，
你的心將能無所束縛，獲得自由。

是故莫愛著，愛別離為苦。
若無愛與憎，彼即無羈縛。

法句經211

〇五一

不製造厭憎的對象

「無論如何我現在就想見你。見不到你，我好痛苦。」
不要執著於如此強烈喜愛的對象。
「那個人簡直差勁透頂，連最普通的常識都沒有。」
不要執著於如此厭憎痛恨的對象。

無法與強烈喜愛的對象見面，總是會感到痛苦；
必須和厭憎痛恨的對象相處時，
又只會感到苦不堪言。

莫結交愛人，莫結不愛人。
不見愛人苦，見憎人亦苦。

法句經210

〇五二

被扭曲的愛情束縛

對於家人、情人或一手栽培的部下等親近的人，
因為懷有愛情，所以不自覺地向他們撒嬌。
並且認定——
「若是認為我很重要，這麼一點小事應該會為我做。」
但是，這樣任性的欲求，通常都無法如願以償，以致感到鬱悶。
過度執著這樣的愛情，
就會產生不安及恐懼，擔心對方是否重視你。
也就是說，扭曲的愛情產生了憂鬱及恐懼。
若是能從扭曲的愛情詛咒中解放，你就能免於憂鬱及恐懼。

從喜愛生憂，從喜愛生怖；
離喜愛無憂，何處有恐怖？

法句經212

〇五三

比鐵鎖更強力束縛我們的事物

就算你被鐵鎖綁住、被木製刑具限制身體自由、被麻繩層層綑綁，這些都不是「強力的束縛」。

執著於自己賺得的金錢、不斷添購回來的物品、「我的孩子必須變成這樣，不可以那樣」或是「我的伴侶必須這樣，不許那樣」等支配欲的執著。

對於智者而言，他們很清楚這些執著才是真正「強力的束縛」。這樣的詛咒，看起來似乎沒什麼大不了，實際上卻是緊緊纏繞，難以掙脫的詛咒。

斬除這些詛咒的束縛，你就能從「希望你這麼做」、「希望你那麼做」當中的膚淺欲望中解脫，獲得自由。

鐵木麻作者，智說非堅縛。
迷戀妻子財，是實為堅縛。

法句經345

能引墮落者，智說為堅縛。
彼雖似寬緩，而實難解脫。
斷此無著者，捨欲而出家。

法句經346

〇五四 ☸

受欲望驅策的思考，使渴愛更碩大

受欲望的驅使，
東想西想地考慮過多，思考迴路就會阻塞打結。
依附在欲望之下思考，
以致產生壓力，卻為這樣的思考合理化，
你的渴愛就會成長得更巨大。

惡想所亂者，求樂欲熾然，
彼欲倍增長，自作堅牢縛。

法句經349

○五五

斷絕渴愛的蜘蛛巢

自己想體會腦內的快感，因而充滿自我的欲望——

「希望你能完全了解我。」

「希望你更用心地看著我。」

「希望你對我更認真地評價。」

「希望你更真心愛我。」

被這些思考洗腦的話，就像蜘蛛被自己吐的絲纏繞，你被自己寂寞而生的渴愛糾纏，因痛苦而感到窒息。

要是你能以智慧做為武器，摧毀蜘蛛的巢穴，就能捨棄痛苦，悠然闊步而行。

彼耽於欲隨欲流，投自結網如蜘蛛。

斷此縛而無著者，離一切苦而遨遊。

法句經347

停止思考的恣意妄爲

不斷在腦海中迴旋的思緒，致力於冥想（坐禪）來停止這種「思考」的怪獸橫行，就能從「匱乏的渴愛」此一惡魔的詛咒中解放。

你執著的快感及錯覺，只要專注於冥想的不淨觀[1]，看穿「一切都是虛幻」，就能阻斷「空虛而生的渴愛」，擺脫惡魔的詛咒。

喜離惡想者，常念於不淨。
當除於愛欲，不為魔羅縛。

法句經350

1 譯註：佛教術語，為佛教出家僧侶修行禪定的一種方法。藉由觀想人類身體的組成，以及在過世之後，成為屍體，並逐漸毀敗的過程，被認為是控制貪欲特別有效的一種方式。

○五七

觀看自己擁有的東西

如果你總是沒有看見手中擁有的，卻一再羨慕他人手中擁有的東西。「真好！我也好想要！」你內心的平靜就會破壞無遺。

莫輕自所得，莫羨他所得。
比丘羨他得，不證三摩地。

法句經365

〇五八

從自己擁有的東西中發現幸福

不論你手中擁有的東西多麼微不足道，只要你能從其中發現幸福，「知足」的充實感就能使你的內心清澈如鏡。

如此清澄的內心波動，一定能使我們肉眼看不到的天神感到喜樂吧！

比丘所得雖少，而不輕嫌所得，
生活清淨不怠，實為諸天稱讚。

法句經366

不在「有」、「無」之間動搖

如果你不會貪戀你擁有的事物——
對於你腦海中浮現的想法、你擁有的東西，
不會老是想著：「這是我的，我不想放手！」

你若是對於「欠缺」不會再悲歎——
沒有人讚美我，沒有人愛我，沒有人信守和我約定的承諾……

不執著於「擁有」、不悲歎「欠缺」，
你的心將會無比的柔軟。

不貪戀任何名色，不為不存在而悲傷，
這樣的人在這世上不衰老。

經集950

〇五九

〇六〇

不讓內心因渴愛而徬徨

你只要冥想讓意念更集中，然後觀照你的內心。
不要因為渴愛作祟，而徨徨追求喜愛的事物，
要讓你意念集中。
不要因為渴愛作祟，看到什麼都覺得美味，
以致要把滾燙的鐵球吞下。

不要一不留神吞下滾燙的鐵球，
才痛苦地哀號：「好燙！我的肚子有如火燒！」

修定莫放逸，心莫惑於欲！
莫待吞鐵丸，燒然乃苦號！

法句經371

不吝惜將財產用於他人與自身

即使無人的荒地湧出清澈的水，
若是無人飲用，總有一天會乾涸。
心中充滿欲望的人即使成為有錢人，
只會過度地一毛不拔，捨不得把錢花在他人身上，
甚至捨不得為自己花錢。
積攢的金錢沒有使用，
到頭來當他死去，那些錢也總有一天會蕩然無存。

有智慧的人，不僅是為了自己，
也為他人不吝惜地使用財產，愉快度日。

相應部經典

○六二

欲望招徠痛苦

若是只關注在心中蠢動的欲望，
即使世上的金錢如雨淋而下，
欲望仍不可能得到滿足。

不但無法滿足，
一開始產生的快感不久就會被空虛、痛苦所取代。
因為痛苦而煩躁不安，
為了撫平不安，又開始尋求其他事物的慰藉，
欲望蠢蠢欲動。

實現欲望所得到的腦內快感，只不過是短暫的一瞬間，
之後空虛及不安就會有如戒斷症狀般紛至沓來。

若是切身體會到「欲望就是招徠痛苦」，
追求最大快樂欲望的心靈就會平靜。

只有追求
「平息哭喊著『我想要！我想要！』的內在空虛」，
你才適合稱作我的弟子。

即使雨金錢，欲心不滿足。
智者知淫欲，樂少而苦多！

法句經186

故彼於天欲，亦不起希求。
正覺者弟子，希滅於愛欲。

法句經187

四

改變業

你就是過去思考的集合體

你的存在，取決於過去「思考些什麼」。你思考與感受的內容，一一蓄積於你的內心混合而成的結果，縫綴成現在的你。

因此，你就是過去思考的集合體。

你若是常想著厭憎的事物，一點一滴厭憎的業刻劃在你的內心，就變化成厭憎的你。

你若是常想著溫暖的事物，一點一滴積極正向的業刻劃在你的內心，就變化成溫和的你。

人就是依照著內心的思考逐漸地變化。

一切都是從心思考而生；一切都是從心思考的創造。

因此若是消極負面的心，將說出厭憎的言詞；消極負面的心，將產生厭憎的行止，最後將為自己帶來充滿壓力的痛苦。

○六三

說話及行止，皆發自正向溫柔的心，安適平靜必定到來。
是的，就如影子永遠隨行在你身後。

諸法意先導，意主意造作。
若以染汙意，或語或行業，
是則苦隨彼，如輪隨獸足。

法句經1

諸法意先導，意主意造作。
若以清淨意，或語或行業，
是則樂隨彼，如影不離形。

法句經2

○六四

若認爲善，就立刻付諸行動

平靜的心若出現想致力於某件事的念頭，應盡快採取行動，讓善業的能量鐫刻於內心。

這麼一來，就能防止負面思考占領你的心。

這是因為當心中出現想要行善的念頭，若是悠悠忽忽地錯過了，就會讓負面思考趁隙而入。

比方說，原本充滿幹勁地想著「今天來打掃吧」，若是沒有立刻採取行動，放逸貪玩的心就會趁隙而入，結果蹉跎了時間，「唉！果然還是沒時間，不掃了！」因而積了負面的業。

應急速作善，制止罪惡心。
怠慢作善者，心則喜於惡。

法句經116

〇六五

不做負面思考

如果你被負面的想法侵襲，以致採取負面的言行舉止，應立即毅然決然停止重複負面的惡業。

負面的能量會變成具有刺激性的惡習，應注意不要沾染毒素。

因為負面的惡業能量若是積蓄在你的內心，只會增加你的痛苦。

若人作惡已，不可數數作；
莫喜於作惡，積惡則受苦。

法句經117

如果你始終不了解業的法則

即使你好不容易打算入睡，一旦受到過去累積的惡業帶來的負面能量支配，負面思考將在你的腦海中盤旋迴繞，使你輾轉難眠。如此焦躁不安的夜晚格外漫長，清晨的曙光總是遲遲不來。疲憊不堪的你在精神折磨下，感到抵達目的地的旅程似乎特別地漫長。

而且，若是你不懂業的法則就這麼死去，再度轉世而重蹈覆轍，痛苦的輪迴轉生，將使你六神無主，因而更覺路程遙遠。

不眠者夜長，倦者由旬長，
不明達正法——愚者輪迴長。

法句經60

〇六六

〇六七

如果你沒有覺知自我內心地活著

沒有覺知自我內在的愚者，猶如和自己為敵，步步荊棘。積累惡業，在不知不覺間走向破滅，迎接有朝一日的自我毀滅。

愚人不覺知，與自仇敵行，
造作諸惡業，受定眾苦果。

法句經66

〇六八

惡業

如果事過境遷才痛苦後悔「要是沒那麼做就好了」，這樣的行為會以惡業蓄積在內心。

成就這個惡業的負面能量，在心中日漸茁壯，不久就會滿面悲泣地嘗到苦果。

彼作不善業，作已生後悔，
哭泣淚滿面，應得受異熟。

法句經67

〇六九

善業

事過境遷時，不需要懊惱「要是沒那麼做就好了」，這樣的行為就是以善業蓄積在內心。

成就這個善業的正面能量，在心中日漸茁壯，不久就會愉悅充實地嘗到歡愉的果實。

若彼作善業，作已不追悔，
歡喜而愉悅，應得受異熟。

法句經68

惡業至成熟爲止的漫長時間

新鮮的牛奶發酵成固態的奶酪需要時間。即使你積了惡業，蓄積負面能量，這股能量醞釀成熟至發生不良結果，就像定時炸彈般需要時間。

一如灰燼覆蓋下的餘火，煙霧仍不斷緩慢擴散，惡業的能量也在你心中繼續延燒，不久就會形成熊熊烈火，對你造成損害吧！

猶如搆牛乳，醍醐非速成。
愚人造惡業，不即感惡果，
業力隨其後，如死灰覆火。

法句經71

〇七〇

○七一

死後忿怒加劇的業

如果忿怒的業不斷累積，在你死後，肉身無法承受的忿怒將轉變成怨念，它不存在於眼前的現實，只是一股怨念如在夢境中製造妄想，在你的眼前一再地以忿怒的幻覺出現吧！

好比說自己在膿血混和的熱鍋裡，受到煎熬煮沸的幻覺。即使想逃離這樣的煎熬，全身仍沾滿黏稠的膿與血，腥臭得令人作嘔。

過去的忿怒餘孽恣意妄為，你的眼前將出現忿怒蓄勢待發的幻覺，陷入苦惱的困境。

作惡者怎樣受煎熬？

他在膿和血中受煎熬。

他四處亂爬，爬到哪兒沾汙哪兒。

經集671

〇七二

承受惡業報應的時候

不了解心念法則的人，
不會意識到自己的惡行、惡語、惡念，
都將鐫刻成為內心惡業的能量。
不了解心念法則的人，
在惡業的能量被煮沸，
在嘗到惡運果報之前，
還妄想著：
「我正在享受、吸吮甘美的蜜汁。」
對於他人表露出趾高氣揚的行止，
一瞬間產生愉快的錯覺；
對於嫌惡的人口吐惡言，
對於嫌惡的人產生厭憎的思考，
一瞬間產生惡氣盡消的錯覺。

但是在惡業的能量被煮沸，
終於嘗到惡果時，
愚者才終於能體會痛苦的滋味。

惡業未成熟，愚人思如蜜；
惡業成熟時，愚人必受苦。

法句經69

惡業未成熟，惡者以為樂。
惡業成熟時，惡者方見惡。

法句經119

〇七三 ☸

最差勁的人

由於行為、言語、思想，思考或說出負面的言詞，累積了惡業，卻想要加以遮掩，「不要讓別人發現，敷衍過去吧」，這樣的人可以說他就是最差勁的人。

比方說，一心想著：「他的話真無聊，我好想快點回家。」內心明明焦躁不安，累積了忿怒的業，表面上卻滿臉堆笑，言不由衷地說：「你的話真是風趣幽默，我覺得好有意思！」心口不一形成內外的矛盾，將會形成你內心的壓力。

這麼一來，你將逐漸成為最差勁的人。

做了壞事，一心希望別人沒有發覺，
行動鬼鬼祟祟，應該知道這種人是無種姓者。

經集127

〇七四

惡業不減

「他這種地方很差勁」、「他的服裝品味很差」、「他的性格扭曲」等等，眼中只看見他人的缺點，肆意詆毀，將會累積各種煩惱的能量，永遠都無法削減負面的業。

若見他人過，心常易忿者，
增長於煩惱；去斷惑遠矣。

法句經253

〇七五 ❁

不輕忽惡業能量

出於自己的行動、言詞、思考所造成的惡業能量，不能夠輕忽，誤以為「小惡不可能使我遭到惡果」。即使是緩緩滴落的水滴，不久也會滿盈成一大瓶水。同樣地，惡業能量也會緩緩滴落在你內心的水瓶，有朝一日將會使你內心的水瓶充滿惡業能量。

莫輕於小惡！謂「我不招報」，
須知滴水落，亦可滿水瓶，
愚夫盈其惡，少許少許積。

法句經121

○七六

不輕忽善業能量

出於自己的行動、言詞、思考而在心上鐫刻的善業能量，不能夠輕忽，誤以為「就算行善，我也不可能得到善果，所以怎麼樣都無所謂。」因而自暴自棄。

比方說在不為人知的時候，看到公廁的便器髒了，為了下一個人著想而加以清潔，即使只是這樣小小的善念，也能像水滴一滴一滴緩緩滴落，不久滿盈成一大瓶水。

善業的正面能量，緩緩滴落於內心的水瓶，有朝一日將會為你帶來愉悅安適的善果。

莫輕於小善！謂「我不招報」，
須知滴水落，亦可滿水瓶，
智者完其善，少許少許積。

法句經122

〇七七

行動、言語、思考，都會形成業

負面的行動、言詞、思考在心中蠢蠢欲動時，最好不要採取任何行動、保持沉默、停止思考。

因此而生的言語行止都會形成負面惡業能量積蓄在你的內心，行惡後只會為你帶來痛苦。

正面的行動、言詞、思考在心中形成時，及時實行才是最好的，行善後絕對不會令你苦惱。

不作惡業勝，作惡後受苦。
作諸善業勝，作善不受苦。

法句經314

〇七八

善業到成熟爲止的漫長時間

基於良善的行動、言語、思考，在心中形成的正面能量，緩緩在心中以文火熬煮，直到善業的果報來臨前，有時仍會遭逢不幸。但是，當正面能量煮沸，時機來臨，心中就能盈滿種種幸福。

善業未成熟，善人以為苦。
善業成熟時，善人始見善。

法句經120

○七九

跨越負面思考者的四種安心感

跨越負面思考的你，
若能遠離欲望、遠離忿怒與迷惘，
心靈變得潔淨，
就能獲得以下的四種安心感。

若因果業報及生死輪迴都是真的，
不論你信或不信，
死後一定能有良善的轉世重生。

若人的死亡就結束一切，根本沒有輪迴轉世，
你在這一世的人生也一定不會受苦，能享有安寧平靜。

若是惡業將招徠痛苦是真的，
你大可放心，
「因為沒有製造惡業能量，所以痛苦也不會來臨。」
若是惡業未必會招致痛苦，
你也可以微笑以對，
「因為我沒有積累惡的能量，所以內心非常澄澈清明！」

伽藍眾！彼聖弟子如是心無怨憎，如是心無貪欲，如是心無雜染，如是心淨，彼於現法得四慰安。

若有後世，若有善作惡作業之異熟果，即有是處，我身壞、死後、當生於善趣天世，此即彼所得之第一慰安。若又無後世，若無善作惡作業之異熟果，即我將於此現法，以無怨、無貪、無苦、有樂來護自己，此即彼匠得之第二慰安。又若作〔惡〕之人有惡報，則我將不對任何人懷惡意，不造惡業之人，何有苦之觸？即彼等所得之第三慰安。若作〔惡〕之人，無有惡報，則現在，於二者我已見己之清淨，此即彼所得之第四慰安。

〇八〇

自作自受

「自我」這樣的妖怪，基於自己心中描繪的欲望、忿怒、迷惘的想法，一點一滴地逐漸損毀。

「自我」這樣的妖怪，若是不在心中描繪欲望、忿怒、迷惘的想法，就能一點一滴地變得澄澈清明。

不論是變得澄澈清明或是髒汙毀損，都是個人的自作自受。你無法為他人拭淨他們的內心，所以不需多嘴舌。

惡實由己作，染汙亦由己；
由己不作惡，清淨亦由己。
淨不淨依己，他何能淨他？

法句經165

○八一

無傷口的手百毒不侵

若是處理毒的雙手沒有傷口，即使接觸毒物，毒性也不會入侵，所以能夠利用雙手放心地清理毒物。

就像是沒有傷口的人，毒性傷害不了他，心中沒有被惡業損傷的人，即使非議、中傷、災難等毒物，也無法侵擾傷害他。

沒有蓄積惡業能量的人，都不必畏懼惡及不幸來臨。

假若無有瘡傷手，可以其手持毒藥。
毒不能患無傷手，不作惡者便無惡。

法句經124

〇八二

業造成變化

人並非因為膚色、生來是王子、企業之子、平民之子或奴隸之子等不同階級，或是天生的美醜等外在條件，而決定他是卑劣的人或是高潔的人。

而是因為過去鐫刻在心上的業，漸漸地變得卑劣，或是因為業的能量變化，漸漸地變得高潔。

不是由於出身，成為無種姓者；
不是由於出身，成為婆羅門；
而是由於業，成為無種姓者；
由於業，成為婆羅門。

經集136

〇八三

消除惡業的方法

想逃離而飛到空中，不可能；想逃離而潛入海中，不可能；
想逃離而進入深山，沒有意義。
不管世界上的哪個角落，都沒有可以躲藏逃離的場所。
過去積累的惡業而生的能量，絕對不可能逃離它的報應。
總有一天必須償還你所「預借」的一切。

就算遭到了不幸的報應，你無法逃離也無法拒絕。
應該以開朗的態度接納，「還好只是這樣的報應」。
那麼惡業造成的借款就能逐一消除了吧！

非於虛空及海中，亦非入深山洞窟，
欲求逃遁惡業者，世間實無可覓處。

法句經127

〇八四

負面的行動、言語、思考，造成不幸的人生

你若是養成負面行動、言詞或思考，因此惡業深烙內心，在你活著的時候，將因為惡業的能量，總是過著焦躁不幸的生活。

而且即使有一天死亡，來世轉生仍然會陷入不幸的境遇。

你將焦慮不安，「我造了許多遭人非議的惡業，要是事跡敗露了怎麼辦？」結束這一世，轉生仍會陷入惡道，使得痛苦加劇吧！

現世此處苦，死後他處苦，
作諸惡業者，兩處俱受苦，
現悲「我作惡」，墮惡趣更苦。

法句經17

〇八五

正面的行動、言語、思考，造就幸福的人生

你若是養成正面行動、言詞或思考，因此善業深烙內心，在你活著的時候，將因為善業的能量，總是過著幸福滿盈的生活。

而且即使有一天死亡，來世轉生仍然會有幸福的境遇。

你將會心安理得，「我沒有做過任何遭人非議的事情」結束這一世，轉生仍會進入善道，過著更加幸福無虞的生活吧！

現世此處喜，死後他處喜，
修諸福業者，兩處俱歡喜，
現喜「我修福」，生善趣更喜。

法句經18

五

慎擇友

〇八六

若是邂逅以改善心靈爲目標的朋友

要是你走在人生旅途的過程中，
遇到以改善心靈為目標的朋友，
若是你邂逅了能改善彼此缺點的寶貴朋友，
應當克服一切障礙，即使他的長相你不喜歡，
或是沒有任何才能，
你仍應當與他同行。
當你與他同行，仍然不要忘記，永遠都要觀照自己的內心。

如果得到一位聰明睿智的朋友，
品行端正的同伴，
那就應該克服一切險阻，
愉快地、自覺地與他同行。

經集45

〇八七

若是沒有邂逅以改善心靈爲目標的朋友

要是你走在人生旅途的過程中，
沒有邂逅以改善心靈為目標的朋友，
若是你沒有遇見能勉勵彼此心靈成長的寶貴好友，
應該像國王拋棄征服的王國也毫不足惜般，
不如乾脆地單獨地走這趟旅程，
猶如孤獨挺立於印度犀牛頭上的角。

如果得不到一位聰明睿智的朋友，
品行端正的同伴，
那就像國王拋棄征服的王國，
讓他像犀牛角一樣獨自遊蕩。

經集46

擁有性格比自己良好的朋友

若是你走在人生旅程中，邂逅比自己性格良好的朋友，
或是和自己不相上下的益友，不妨親近結交。
你的心將在潛意識中模仿對方，在不知不覺間，改善自我的個性。

若是很不幸地你只能邂逅比自己性格差勁的朋友，
不如乾脆地享受「單獨」行走的這趟旅程，
猶如孤獨挺立於印度犀牛頭上的角。

確實，我們稱讚朋友的益處，
應該結交高於自己或同於自己的朋友。
得不到這樣的朋友，
也應該過清白的生活，
讓他像犀牛角一樣獨自遊蕩。

經集47

〇八九

若是和性格惡劣的朋友在一起，不如獨行

珠寶工匠製造閃耀奪目的手環，若是把兩副手環都戴在同一隻手臂上，就會相互碰撞發出噪音，相當嘈雜不是嗎？

如果你和比你性格差勁，不適合你的朋友交往，就類似這樣的狀況。

兩人的心將會相互磨擦，攪亂嘈雜的情緒。

如果明白這件事，不如單獨地走這趟旅程要來得更自在。

猶如孤獨挺立於印度犀牛頭上的角。

看到金匠精心製造的一對明晃晃的金鐲，
在同一條手臂上互相碰撞，
讓他像犀牛角一樣獨自遊蕩。

經集48

假性朋友（一）

讓我告訴你，如果你的朋友完全符合下列四點，只曉得索求，那麼，應該看清他就不是你的朋友，只是表面上看起來像朋友的「假性朋友」。

①不考慮你的狀況，只會要求「幫我做這個、幫我做那個」。

②稍微幫你一點忙，或是對你稍微體貼一點，就要求加倍以上的回報。

③擔心會不會被你討厭，所以為了你竭盡全力奉獻（這樣的人，一旦放心後，態度將突然變得格外惡劣）。

④只會計算和你相處，對自己有多少利益。

若是你的朋友完全符合這四項重點，你應當要遠離他。

居士子！實依四理由，當知持去任何物，是敵而似友：彼不擇何物而持去；與小而彼願得大；依畏怖而行業務；為己利而從事。居士子！此等四理由，當知持去任何物，是敵而似友。

長部經典《六方禮經》

○九一 ❁

假性朋友（二）

讓我告訴你，如果你的朋友完全符合下列四點，只會「出一張嘴」，那麼，應該看清他就不是你的朋友，只是表面上看起來像朋友的「假性朋友」。

①「啊！真可惜，這個禮拜我有事沒辦法去，要是你上禮拜邀我就好了。」只會用「不可能再挽回的過去」來討好你。

②「唉呀！真抱歉！今天我想練習民族舞蹈所以沒辦法幫你，下次有時間我再幫你。」總是以「不可能發生的未來」來討好你。

③當你有困難的時候，完全幫不上你的忙，只有嘴巴甜，以言詞討好你。「那真的很傷腦筋呢！對了！你家的貓咪還好嗎？有那麼可愛的寵物在身邊陪你真好！」

④當你試探性地問他「現在可以嗎？」他便拒絕你「抱歉！現在沒辦法。」

居士子！依四理由，當知言說為主者，是敵而似友：彼對過去之事假裝友誼；對未來之事假裝友誼；言無意義之嬌嬈；於現前應為之事彼示為時不宜。居士子！此等四理由，當知言說為主者，是敵而似友。

假性朋友（三）

讓我告訴你，如果你的朋友完全符合下列四點，只會「說些讓你開心的話」，那麼，應該看清他就不是你的朋友，只是表面上看起來像朋友的「假性朋友」。

①對於你不利的事，他總是嘴上先附和。例如，當你抱怨導致內心變得醜惡時，他仍附和你：「你說的沒錯！」

②對於你有利的事，他也是嘴上先附和。即使你提出很棒的點子，他只是一再附和你：「沒錯！沒錯！」原本很好的內容根本沒有用心聆聽，交談無法有共鳴。

③在你面前，總是褒獎你，「原來如此！你真厲害！」或是「不愧是你！令人肅然起敬！」等等。

④在你背後，批評你的不是，「那傢伙稍微誇他兩句就得意忘形了。真是的！」

居士子！依四理由，實當知甘言者，是敵而似友：彼容認惡事；不容認善事；其面前讚美；其背後毀嗤。居士子！依此等四理由，當知甘言者，是敵而似友。

長部經典《六方禮經》

○九三

假性朋友（四）

讓我告訴你，如果你的朋友完全符合下列四點，是一個「造成你財產減損的人」，那麼，應該看清他就不是你的朋友，只是表面上看起來像朋友的「假性朋友」。

①破壞自我內在情緒控制的原因，也就是飲酒的場合同行。
②總是在夜歸、在街上遊蕩時同行。
③總是在看電影或演唱會等，迴避自我內在的娛樂時同行。
④總是在激動興奮，遺忘了自己的內在，也就是賭博時同行。

居士子！依四理由，實當知遊蕩伙伴，是敵而似友：彼為嗜耽諸酒類等放逸時之伙伴；非時遊玩街衢之伙伴；入〔舞蹈〕觀覽處之伙伴；耽著於賭博之伙伴。居士子！依此等四理由，當知遊蕩之伙伴，是敵而似友。

長部經典《六方禮經》

必要時，一個人反而清靜自在

現代人總是在與人交往時，下意識中計算「和他交往能有多少好處」，才和對方親近或善待對方。

在這個世上，很難得有不被計算利益得失的欲望汙染的真正的朋友。

若是你的周圍，充滿斤斤計較得失，耍小聰明的人，還不如獨處反而清靜自在。

就如同孤獨挺立於印度犀牛頭上的角一般。

人與人交往為謀私利，
不謀私利的朋友今日難得，
謀私利的人不純潔，
讓他像犀牛角一樣獨自遊蕩。

經集75

〇九四

〇九五

只要嘴皮，完全不伸出援手的人不是朋友

有些人毫無羞恥地只會在口頭上說：「我是你的朋友」，但是你就算拜託他做得到的事，他也會找遍理由，「今天我正好要照顧浣熊，實在沒空」，根本不願伸出援手。

你不必再對這樣的人抱任何期待，應該看清「他不是你的朋友」。

一個不知羞恥、蔑視羞恥的人說道：「我是朋友。」
但他從不做力所能及的事。
智者知道：「這樣的人不是我的朋友。」

經集253

〇九六

只會說浮誇空話的人不是朋友

比方說你在工作上協助對方，以致對方覺得欠你人情時，明明不是發自內心，卻輕易許下承諾。

「為了答謝你幫我這麼多忙，下次如果你的房間要重新裝潢，儘管找我，我一定隨傳隨到。」

然而，一旦你因為人手不足而忙得焦頭爛額時，他卻故意視而不見。

對於這樣的人，你應該認清「他只是一個口頭上輕易承諾的人，並不是朋友」。

盡對朋友說些無用的甜言蜜語，
智者知道這種人是只說不做的。

經集254

○九七

不要和借錢不還的人做朋友

有人向你借錢，然而當你希望他還而催促「方便的話，請你還我」，他卻不想有損失而千方百計的逃避。

甚至在心中暗自抱怨：「我哪有跟你借什麼？」自欺欺人。

像這樣「借錢不還」的人，我們可以說他是卑劣的人。

確實借了債，
但要還債時，跑掉了，
說道：「我沒欠你債。」
應該知道這種人是無種姓者。

經集120

○九八

和不對你品頭論足的人做朋友

總是對你說的話雞蛋裡挑骨頭，一直等著你露出破綻，或是等著彼此起衝突。

像這樣的人不需要對他抱任何期待，要看清「這個人不是朋友」。

對於你不論「好」的、「壞」的，都不會品頭論足，不管怎樣就是與你同行，這樣的人就是朋友。

這就像是小孩子不會有任何顧慮便飛奔到母親懷裡，真正的朋友能與你坦誠以對，這樣的友誼牢固，不會輕易受他人挑撥而動搖。

熱中於找裂痕、挑差錯的人不是朋友；
與他相處，就像兒子睡在母親懷中，
這樣的人才是朋友，不會受別人離間。

經集255

○九九

和心靈成熟的人做朋友

即使外表看起來很優秀、具有才能，但沒有去覺察自己的內心，沒有想過如何控制情緒的人，不應該與這樣的人為友。若是和這樣的人親近，你應當會長期受到他的欲望、忿怒等負面影響，留下不好的回憶吧！

和沒有想過如何控制情緒的人在一起生活，就像與討厭的敵人住在一起，對你而言只會持續痛苦罷了。

和心靈成熟的人親近、生活在一起，你才能得到心靈的安適，也是為了彼此的成長。

與愚者同行，長時處憂悲。
與愚同住苦，如與敵同居。
與智者同住，樂如會親族。

法句經207

一〇〇

對朋友坦白說出心中的不滿時

「嗯。我對他有些意見，怎麼做才好？」藏在你心中的話語，如果違反事實，而且會給他人帶來負面影響的內容，就絕對不要說出口。

而且，即使這些藏在你心中的話語是事實，只要它會帶給他人負面影響，就應該練習不要說出口。

深藏在你心中的話語，即使是事實，也不會給對方帶來負面影響，甚至對他有益，仍是要尋找適當時機再告訴他。

例如，看到對方一直在玩手機，如果內心很生氣，「和別人在一起，卻一直盯著手機，不覺得很失禮嗎？」應該先讓怒氣平息，等頭腦稍微冷靜下來之後，再心平氣和地傳達給對方。

「我們在一起時，你老是看著手機，讓我覺得很孤單，要是你能稍微克制一下，我會很開心。」

不應語惡口，不應於面前而私語。

若知此是惡口、不真、虛妄、不持利益，如是可及之惡口，不應語。又所知若惡口之真、如實不持利益，如是不應語，應學之。而且所知若惡口之真、如實而持利益，對如是之惡口，於此以應知其語時。諸比丘！於此，所知若於面前之私語，不真、虛妄而不持利益，如是於面前可及之私語，不應語之。又，所知若面前之私語，雖真、如實而不持利益，如是不應語，當學之。而且所知若面前之私語，真、如實而持利益，對如是面前之私語，於此應知其語時。

一〇一

有時被朋友疏遠也沒關係

有時認為有必要，因而對走錯方向的友人給予建議，為了遠離負面的思考或說話習慣，因而加以規勸，也是為了彼此。

如果對方是值得結交的朋友，一定會樂於傾聽你的建言。

如果對方並不是你值得結交的朋友，不願意傾聽你的建言，他就會認為你「真囉唆」，而遠離你吧！

說來諷刺，但就結果來說，因為這樣而被對方討厭，兩人的友誼變差，對方不想聽你的話，反而是好的結果。

訓誡與教示，阻他人過惡。
善人愛此人，但為惡人憎。

法句經77

一〇二

告訴你寶藏所在的人

能夠告訴你沒有自覺到的性格缺點，讓你恍然大悟的人，就像告訴你隱藏的寶藏所在。

和這樣的人在一起，或許會覺得他直接戳破自己的痛處，以致想逃避，其實應該盡可能和這樣的人在一起。

和連你的缺點都能看穿，了解你的人，成為朋友或生活伴侶，就能使你更為進步。

若見彼智者——能指示過失，
並能譴責者，當與彼為友；
猶如知識者，能指示寶藏。
與彼智人友，定善而無惡。

法句經76

一〇三

和這樣的人同行吧

不去覺察自己的內在，不去正視自我內心的真理。不要和這樣的人成為好朋友。
不要和不願觀照自己內心、苟且隨便的人在一起。
應當和時時觀照自己內心、積極進取的人，多多親近或成為伴侶。
應當和心思澄淨的人在一起。

莫與惡友交，莫友卑鄙者。
應與善友交，應友高尚士。

法句經78

六

知幸福

不執著擁有的事物

讓我告訴你，我對於擁有的事物從不執著。
所以，我絕不會因為弄丟了名牌衣服，急得焦頭爛額：「找了好幾天都找不到，真是煩惱死了。」
因此，我很幸福。

一〇四 ☸

婆羅門於我　失牛十四頭
至今尋六日　如無有不得
然而婆羅門　我為最安樂

相應部經典

一〇五

不執著於成果

讓我告訴你，我不會執著成果。

所以，「明明播種了，今年卻欠收，只有一點點收穫！唉！」我絕不會因此而產生壓力。

或者，努力工作卻沒有得到良好的評價，我絕不會認為「唉！世上的人真沒眼光」，以致覺得自己吃虧而痛苦。

因此，我很幸福。

婆羅門於我　撒菜種於田
收穫之最惡　非一莖二莖
然而婆羅門　我為最安樂

相應部經典

不執著於飲食

讓我告訴你，我對於飲食並不執著。

因此，即使食材沒有庫存了，我也不會坐立不安，「怎麼辦？不趕快買回來不行！」我不會有這樣的痛苦。

就算眼前有很多食物，我也會適量攝取，絕對不會產生「完蛋了！因為壓力而吃得過多，肚子好難受」的痛苦。

因此，我很幸福。

婆羅門於我　穀倉盡而空
鼠盛於其中　無有如踴躍
然而婆羅門　我為最安樂

相應部經典

一〇七

不執著於睡覺的場所

讓我告訴你，我並不執著於睡覺的場所。

因此，就算被子上有跳蚤或白蟻，我也不會感到不滿，能夠心情輕鬆自在地睡覺。

我不會因為沒有暖和的被子就睡不著，心神不定地煩惱著「今晚睡得真不舒服」。

不管何時何地，我都能睡得安穩舒服。

因此，我很幸福。

婆羅門於我　敷蓆盡七月
牀非滿蚤虱　然而婆羅門
我為最安樂

相應部經典

一〇八

不執著於自己的孩子

讓我告訴你，雖然我有羅睺羅這個兒子，但我對他並不會抱著任何執著。

我不會因為教孩子，就「除非教到他懂為止，否則無法善罷干休」，不會因而心浮氣躁。

就算是教養孩子花了很多錢，也不會像個討債的人，老是想著「如果孩子不回報，心裡就覺得不舒服」，而坐立不安。

因此，我很幸福。

相應部經典

一〇九

不執著於伴侶

讓我告訴你，我對伴侶不會抱著任何執著。

因此就算我的伴侶從一大早就在家播放我沒有興趣的音樂，我也不會認為「明明知道我不喜歡這個音樂，為什麼老是播這個音樂」，帶著心煩氣躁的心情迎接早晨。

因此，我很幸福。

相應部經典

二〇

不執著於金錢

讓我告訴你，我過著和金錢無緣的生活。

因此，我沒有一絲一毫「要是沒錢，該怎麼辦？」的煩惱。

或者是被空虛驅使，使得自己的心變得貧乏，認為「有錢能使鬼推磨，給我放手去做！」

因此，我很幸福。

相應部經典

一一一

和智者在一起

和自己相較之下，內心容易騷亂受到負面影響的人，應當注意不要和他過度親近，成為親密的朋友。

應當和內心總是沉著鎮定，只要和他在一起，自然能夠接受正面影響的人，結交成為好友。

這才是無上的幸福。

尊敬像這樣的智者，贈送他禮物時，自己心情也能感到神清氣爽。

這才是無上的幸福。

不與愚者交往，而與智者交往，
崇敬值得崇敬者，這是最高的吉祥。

經集259

一一三

居住在適合自己的場所

擺出權貴的架子，住在與自己的收入及心境不相稱的高級住宅區，或是居住在會讓態度倨傲、煩惱徒增的豪宅，心境總是無法平靜。

居住在適合自己的場所。
這才是無上的幸福。

住在合適的地方，前生積有功德，
正確理解自我，這是最高的吉祥。

經集260

一一三

安適自在

擅於駕馭身體採取的行動、口中說出的言語、內心的思考，不讓行為、言語及思考往負面方向橫衝直撞。

這才是無上的幸福。

若是過去在心中所積蓄的善業能量充沛，往後也能安適自在。

這才是無上的幸福。

住在合適的地方，前生積有功德，

正確理解自我，這是最高的吉祥。

經集260

一一四

養成技術，以幫助他人

不要自命不凡地想著：「我比他人出類拔萃」，而是聆聽更多人的見聞、永不停止學習。

這才是無上的幸福。

為了活下去，學習某項技術，並以這項技術幫助他人。

這才是無上的幸福。

學問淵博，技能高超，訓練有素，
富有教養，善於辭令，這是最高的吉祥。

經集261

一一五

養成腳踏實地的氣度

內在的教養無法迅速養成。

必須花費漫長的時間，確實地養成內在教養，不說他人是非，不做出粗暴的言行舉止，自然散發出內在的氣度。

這才是無上的幸福。

學問淵博，技能高超，訓練有素，

富有教養，善於辭令，這是最高的吉祥。

經集261

一一六

珍惜家人

由於過去你的父母不計回報地照顧你，這是你向父母的精神借貸，你應當善待及回報父母，完全地償還精神上的借款。完全地償還並獨立自主。這才是無上的幸福。

支持自己的妻子或丈夫、守護孩子，為了他們專心一意地努力工作，其中就有你生存的價值。這才是無上的幸福。

擁有珍惜家人的從容心境。這才是無上的幸福。

侍奉父母，愛護妻兒，
做事有條不紊，這是最高的吉祥。
經集262

施捨，依法生活，愛護親屬，
行為無可指責，這是最高的吉祥。
經集263

一一七

克服小氣的障礙

「這是我的錢，我怎麼可能給別人！」為了降低這種小氣的心態，讓心情更自在，要放手擁有的事物，願意分享給他人。

就算不自覺中想要獨占喜歡的食物，也要能樂於與他人共同分享。

就算買禮物給別人，不自覺地在意標價而猶豫，如果能放手大方地買下來，心情會感到特別痛快。

這麼做就是克服「小氣」的障礙，戰勝自我。

這才是無上的幸福。

施捨，依法生活，愛護親屬，
行為無可指責，這是最高的吉祥。

經集263

一一八

意識因果的法則

意識到心靈的因果法則，採取實際行動，遠離造成帶來苦果的原因——負面思考，這麼一來，就能得到使心靈安適的結果。

這才是無上的幸福。

能夠挺起胸膛，無愧於心地說自己的行為絕對沒有道理受人非議，能夠堂堂正正地付諸行動。

這才是無上的幸福。

施捨，依法生活，愛護親屬，

行為無可指責，這是最高的吉祥。

經集263

一一九

控制言語及行爲

對於身體的行動，能夠遠離殺生、外遇等徒增痛苦的行為。
對於說出的話語，能夠遠離惡言相向、流言、妄語、謊言。
能夠遠離心中製造妄念、忿怒的幻想。
並且，對於破壞心思清晰與集中力的飲酒，能夠節制，鍛鍊內心，
不斷地成長。
這才是無上的幸福。

斷絕罪惡，節制飲酒，
努力遵行正法，這是最高的吉祥。

經集264

一二〇

滿足的喜悅

敬重值得尊敬、心靈沉靜的人，不狂妄自大，對誰都彬彬有禮。

這才是無上的幸福。

停止總是追求著「並非這裡而是別的地方」、「並非眼前而是其他事物」，總是心神不寧、徬徨猶豫地前進。而能滿足於「在這裡這個極為平凡的人及事物」，內心就能溫暖而滿足。

這才是無上的幸福。

想起過去曾接受來自他人的恩澤，內心湧現回報的澄淨心緒。

這才是無上的幸福。

透過心靈法則閱讀或聽從教誨，在對於自己的內心而言的最佳時機，藉著不自覺中似乎快遺忘的真理，一再地滲透內心以求成長。

這才是無上的幸福。

恭敬，謙遜，知足，感恩，

適時聽法，這是最高的吉祥。

經集265

二二一

鍛鍊內心的喜悅（一）

即使有人對你說令你討厭的話，你的內心仍然能夠不受傷害，學習讓內心堅強。

這才是無上的幸福。

就算有人說了令你刺耳的話，如果對改善自己有幫助，應拋開自尊，用心聆聽，學習讓自己坦誠。

這才是無上的幸福。

和意欲鍛鍊心志，自我磨練的修行者見面，向他學習，或是擁有在適合的時機，能以內在修為做為話題交談的對象。

這才是無上的幸福。

忍耐，文雅，與沙門交往，

適時討論正法，這是最高的吉祥。

經集266

一二二 ☸

鍛鍊內心的喜悅（二）

你決心守護自己，以心靈的規則自我要求，提高專注力的訓練，並進行提高自我觀察力的訓練。根據這樣的訓練，洞悉產生身心痛苦的機關，逐漸減輕痛苦，逐漸達到心靈安適的境界。

這才是無上的幸福。

苦行，梵行，洞悉聖諦，
實現涅槃，這是最高的吉祥。

經集267

一二三

不論順利或不順，內心都不會因而動搖

即使由於對自己有利的情報，使得一切進行順利，
也不會因此得意忘形；
即使由於對自己不利的情報，以致處在逆境，
也不會因而遭受打擊，一蹶不振。
不論處在任何狀態，內心都不會因而動搖，
不會因而變得消極負面，
能夠遠離內心的噪音，得到心靈的安適。
這才是無上的幸福。

思想不因接觸世事而動搖，擺脫憂愁，
不染塵垢，安穩寧靜，這是最高的吉祥。

經集268

二二四

無論何時、何地、發生任何事，都能幸福

只要心靈能夠安適平靜，
不管在什麼地方、發生什麼事，
心靈都不會因而氣餒、挫折，
不會被擊倒。
因此不管身處任何場所，都能覺得幸福。
這才是無上的幸福。

做到這些的人，無論在哪兒都不可戰勝，
無論去哪兒都安全，他們的吉祥是最高的。

經集269

七

覺察自我

二三五 自己很難覺察自身的缺點

我們總是對於他人的缺點看得特別清楚，因而變得狂妄，忍不住想指責他人。但對於自己的缺點，卻總是看不清。

雖然打算當「好人」，其實可能是強迫他人接受善意；即使原本打算道歉，結果對方不原諒自己時，卻成了立刻動怒的偽善者。

這種「扭曲的本性」，自己最難察覺。

藉著批評他人的問題，錯覺「能夠看出他人問題的自己很厲害，沒有什麼問題」，因而自己身上的問題受到遮蔽。這就形同賭博時，當搖骰子出現對自己不利的點數時，要詐出老千，毫不足取。

易見他人過，自見則為難。
揚惡如颺糠，已過則覆匿，
如彼狡博者，隱匿其格利。

法句經252

一二六

面對自己的內在

觀照自我的內在，就是讓模糊曖昧的意識確實覺醒。
「啊！我現在產生想偷懶玩耍的欲望。」
「啊！我現在產生對上司的忿怒。」
「咦？我的怒氣消失了！」
「嗯，我這次似乎有點在撒嬌。」
「我現在似乎莫名地不安。」
像這樣去面對自己的內心，而且總是能夠覺察自己的情緒，你就能使混亂的內心沉靜而清晰。

無逸不死道，放逸趣死路。
無逸者不死，放逸者如尸。

法句經21

一二七

追求自由之身的人

不斷地觀照自我內在的變化，持續面對自己的人，我們可以稱他為「冥想者」。

隨時自省內在的人，就能追求到心靈的安適與自由。

這樣的人可以從原本受基因的生存本能支配，潛意識經常失控的奴隸般狀態解脫，逐漸返回自由之身。

智者常堅忍，勇猛修禪定，

解脫得安穩，證無上涅槃。

法句經23

一二八

熱中於論斷旁人是非的原因

愚者沒有察覺在自己背後操縱的潛意識命令，不清楚自己被內心黑暗面操縱的人，不會了解自己內心黑暗處究竟有多麼汙穢。正是不想看到厭惡的真相，你才會拚命不讓眼光注視自己的內在。

因為想別開注視內在的眼光，所以說他人的壞話、沉浸在電影、遊戲或連續劇的世界，沉迷於喜歡的音樂或幻想，藉以逃避。

追求心靈自由的人，應該極力破除支配自我的依賴症及厭惡感的本尊，專注於覺察自己的內在，探索內心最深層的部分。

暗鈍愚痴人，耽溺於放逸，
智者不放逸，如富人護寶。

法句經26

一二九

熱中於娛樂及閒聊的原因

不要疏於觀照自己的內在，沉醉於自欺欺人的娛樂或閒聊。不屈服於表面帶來的歡樂，能夠時時觀照自我的內在，省思「現在發生什麼呢」，這樣的冥想者，不久將能獲得心靈的安適。

莫耽溺放逸，莫嗜愛欲樂。
警覺修定者，始得大安樂。

法句經27

一三〇

不可喝酒的理由

讓我告訴你，飲酒而喝得爛醉，導致無法自我控制、觀照內在，有六個缺點。

①非常耗費喝酒及飲食費用。

②自我控制力變差，容易與人爭執。

③造成內臟器官受損，導致疾病。

④被認為「無法節制飲酒」，所以失去信用。

⑤容易因為性欲而發生外遇或不倫。

⑥腦神經運作失控，智力衰退。

居士子！由嗜耽於酒類之放逸，實能生此等六〔種〕過患：於現資財之損失、增加鬥爭、成疾病之巢窟、損傷名譽、現露陰物、第六是使智力減退。居士子！此等六〔種〕過患，是因嗜耽酒類之放逸而生也。

長部經典《六方禮經》

一三一

使你受苦的事物

使你受苦的感情，也就是追求物欲，以及反覆發作的怒氣，並非他人製造的產物，而是源自於你的內在身心。

對事物好惡的任性、因恐懼而生的情緒，也都是源自於你的身心。

過度多餘的思考、妄想，也是從你的身心而生，控制你的心，加以凌虐。

是的，就像是少年惡作劇而抓住烏鴉丟棄凌虐一般。

貪愛和忿怒皆從這兒產生。
厭惡、喜樂和恐懼從這兒產生。
思慮折磨著心，就像孩子折磨烏鴉。
這思慮也從這兒產生。

經集271

一三二

燒盡煩惱的火苗

如果渾然不覺，我們的心總有一天只會依附他人，或是前一刻仍充滿幹勁的工作，下一刻卻莫名其妙地感到厭惡，我們的心將完全失控。

為了防止心靈失控，時時觀照自己內在的人，他們很清楚讓心靈隨意遊走將造成失控的可怕。

每當心靈彷彿受到拘束，處於失控的煩惱時，應當以能夠確實觀照內在的火苗，燒盡大大小小的煩惱，繼續前行。

樂不放逸比丘，或者懼見放逸，
猶如猛火炎炎，燒去大結小結。

法句經31

一三三

必須做心的主人

你不應當成為心的奴隸，
而應成為心的主人。
只有你才能成為你自己最後的依歸，
你能夠依靠的只有你自己，你只能由自己來調教你的心。
就像調教訓練你飼養的幼馬一般。

自為自保護，自為自依怙。
汝應自調御，如商調良馬。

法句經380

一三四

生活安適、心情穩定的原因

你只能自己勉勵自己，
你只能自己規勸自己。
就像你只能由你自己守護自身，
只要你能觀照自己的內在，
你永遠都能過著心情安定的每一天。

汝當自警策，汝應自反省！
自護與正念，比丘住安樂。

法句經379

一三五

取巧選擇捷徑的人

不知羞恥地讓他人困擾的人，
如同把飼料吃得到處都是的烏鴉般厚臉皮的人。
以自我為中心，就像哆啦A夢中的胖虎一樣暴力的人。
心靈貧乏，卻擺出國王架子般自大的人。
令人不禁想問他：「你以為你算老幾？」自鳴得意的人。
他們捨棄了提升自我心靈的艱困道路，
而選擇了持續墮落，
不斷增加痛苦的捷徑。

生活無慚愧，鹵莽如烏鴉，
詆毀於他人，大膽自誇張，
傲慢邪惡者，其人生活易。

法句經244

一三六

選擇艱困道路的人

知道羞恥、抑制感情失控的人。
讓內心的欲望、忿怒、迷惘等「三毒」淡化的人。
毅然放手執念的人。
努力拋開在不自覺中變得狂妄的傲慢的人。
每天設法過著沒有痛苦、端正樸實生活的人。
以及，觀照自我內心的人。
他們與自己的內心交鋒，故意選擇前往需要設法排除痛苦的大冒險旅程。因此他們的人生，艱困卻具有挑戰的價值。

生活於慚愧，常求於清淨，
不著欲謙遜，住清靜生活，
富於識見者，其人生活難。

法句經245

一三七

諸佛教誨的本質（一）

不要製造欲望、忿怒、迷惑等惡名，而應好好地整頓心靈，潔淨自己的心靈。

假使要歸結為一句話，這就是諸佛教誨的本質。

一切惡莫作，一切善應行，
自調淨其意，是則諸佛教。

法句經183

一三八

爲了成爲佛陀的子弟

即使處在「啊！大概完蛋了！」的逆境，受到尖銳的批評也要忍耐克制。這將是培育你養成沉著穩重的最佳考驗。

諸佛一致都說，心靈安適才具有最高的價值。

捨棄心靈安適而傷害他人，或是做出令他人煩惱的行為，你就墮落為外道，並非佛門修行子弟。

諸佛說涅槃最上，忍辱為最高苦行。
害他實非出家者，惱他不名為沙門。

法句經184

諸佛教誨的本質（二）

不誹謗他人、不傷害他人。

嚴守對自我的要求——「應該這麼做」，確實控制自我。

飲食不過多也不過少，知所節制。

過獨自安靜起居的生活，為心靈成長也就是改善性格而努力。

假使要歸結為一句話，這就是諸佛教誨的本質。

一三九

不誹與不害，嚴持於戒律，
飲食知節量，遠處而獨居，
勤修增上定，是為諸佛教。

法句經185

一四〇

點燃燒盡煩惱的火苗

讓我告訴你，
焚香讓氣味飄散、
請人為你驅邪、
舉行燒護摩之火的儀式……等等，
不要深信可以透過這些儀式來淨化心靈。
這些都徒具外在的形式。

讓我告訴你，我不燒護摩之火，
而是燃燒內心的熊熊烈火。
點燃內心不會消逝的火苗，
總是努力地一邊專注精神，
一邊毫不遲疑地燒盡煩惱。

相應部經典

八

觀照身體

有如脆弱、輕易就會毀壞之城堡的身體

你自以為很了不起的「自我」、「偉大的人類」所擁有的身體，其實不過是骨骼、肌腱組成的架構，上面覆蓋著肌肉與皮膚，一座脆弱、輕易就會損毀的城堡。

一四一

在充滿血液的人體城堡中，充滿著細胞每一刻都在老化的現象、細胞逐漸死亡的現象、狂妄地自以為了不起的自戀，以及編織謊言掩飾寂寞的秘密。

此城骨所建，塗以血與肉，
儲藏老與死，及慢並虛偽。

法句經150

一四二

身體是一座功能有限的城堡

外表或走，或站，或坐，或躺。
內在則是肌肉的伸展、收縮。
乍看之下似乎很了不起的身體，終究不過爾爾。

或走、或站、或坐、或躺，
蜷曲和伸展，這是身體的動作。

經集193

身體由骨和腱連接而成，
黏上膜和肉，裹上皮，
這樣，身體的真相就看不見了。

經集194

一四三 執著身體表象的愚蠢

我們的身體由骨骼及肌腱組成基礎結構，上面則由肌肉和皮膚包覆。因為被皮膚包覆住了，使你看不見內在的骨骼、肌腱，只會拘泥於表面的「皮膚真漂亮」、「皮膚好粗糙」，或是「掉了頭髮」、「長出多餘的毛髮」等等無謂的瑣事而擾亂你的心。

我們總是不經意就忘了，隱藏在皮膚下的，只不過是單純的血肉而已。

身體裡裝滿腸、胃、
肝、膀胱、心、肺、腎和脾。
經集195

還有鼻涕、唾液、汗液、
漿液、血液、潤滑液、膽汁和脂肪。
經集196

一四四

體察身體的內部

若是把意識的感應器對準隱藏在皮膚下的內在，進行冥想，你將會清楚感受到身體內部塞滿腸、胃，肝臟、膀胱、心臟、肺臟、腎臟、脾臟等的蠕動。

而且，你還能感受到鼻水、唾液、汗、脂肪、血、關節液、膽汁等水分及油脂的分泌。

還有鼻涕、唾液、汗液、
漿液、血液、潤滑液、膽汁和脂肪。

經集196

從它的九竅中，經常有汙穢流出：
眼屎從眼中流出，耳屎從耳中流出。

經集197

一四五

看清身體的現實

若是仔細觀察隱藏在皮膚下的身體內部，我們的身體絕對說不上漂亮。雖是釋放體臭的身體，我們人類卻小心翼翼地守護著。種種汙穢不潔的東西積聚在體內，在體內緩緩流動，並透過不同的途徑排泄出去。

皮膚內部隱藏這麼汙穢的東西，如果你卻自認偉大，只看見外表的美麗而自以為是，甚至輕蔑他人——「他是個沒用的傢伙」，我會說你是個沒有能力看清楚現實的愚者。

具有雙足的身體需要照看，
它汙穢不潔，氣味難聞，
充滿各種腐臭，到處流淌液汁。

經集205

具有這樣的身體，還要自以為了不起，
蔑視他人，這種人只能是瞎子。

經集206

從親昵中產生恐懼，從家室中產生汙穢。
不要親昵，不要家室，這就是牟尼的看法。

經集207

一四六

讓身體之惡止息

身體發癢疼痛，想做多餘無用的行為時，應該多注意而保持安靜。應當舒緩地抑制身體不當的行止。

身體所做的惡行。

例如殺害其他生命、偷盜他人物品或創意、外遇、過度飲酒以致酒精中毒。

應當拋開這些身體的惡行，讓身體從事正當的善行。

攝護身忿怒，調伏於身行。
捨離身惡行，以身修善行。

法句經231

九

變得自由

不可以輕信的十種狀況

讓我告訴你，很多人會說：「我說的才正確，他說的錯了。」以致於有時你會搞不清楚，究竟誰說的才正確。

為了避免受他人欺瞞、洗腦，失去自由思考的能力，可以注意下列十件事。

①「某某人說你……」聽到別人轉述的話，沒有經過實際確認，不要深信不疑。

②「這個國家從以前就一直是這麼做的」，搬出傳統也不要輕信。

③即使流行評價很好，也不要輕信。

④就算是聖典、經書或書本上寫的事，也不要輕信。

⑤聽到未經證實的臆測，不要輕信。

⑥即使聽起來似乎很有道理，依附「某某理論」、「某某主義」的言論，也不要輕信。

⑦即使合乎常識，也不要輕信。

⑧就算和自己的想法不謀而合，也不要輕易地斷言「我也這麼認為」，不要輕易相信。

⑨對方的服裝很有氣派，或職業特別令人欣羨，態度畢恭畢敬，也不要被這樣的外在所迷惑，因而輕信。

⑩就算對方是自己的老師，也不要盲目地輕易相信。

伽藍眾！汝等勿信風說，勿信傳說，勿信臆說，勿信與藏〔經〕之教〔相合〕之說，勿信基於尋思者，勿信基於理趣者，勿信熟慮於因相者，雖說是與審慮、忍許之見〔相合〕亦勿予信、〔說者〕雖堪能亦勿予信、雖說〔此〕沙門是我等之師，亦勿予信之。

增支部經典

一四八

只講求心情舒暢而生的痛苦

一切的苦，都是基於某個因緣而生。

比方說，如果你只講求「喜歡的人對我體貼時所感受到的快樂」，只要對方稍微對你不夠溫柔，你就覺得痛苦，和對方的關係因而就變得很緊張。或者是當你一味依賴「工作目標達成的快樂」，當達成時瞬間的快感開始消退，空虛的痛苦就因此而生。

製造依賴目標的愚者，藉著一再更換依賴目標，分泌使大腦興奮的腦內啡，結果只是自尋痛苦。若是看穿製造痛苦的元凶，應當不要再有依賴，等待腦內興奮劑的作用逐漸消退。

在這世上，痛苦形形色色，痛苦產生的根源是生存因素。
由於無知，愚者執著生存因素，一再蒙受痛苦。
因此，智者看清痛苦產生的根源，不執著生存因素。

經集728

一四九 不要依賴靈性事物或人

由於壓力以致心神不寧時，人們會信奉甚至依賴神明。或是信仰某處的教祖、崇拜守護靈，又或是崇拜某棵靈性樹木，做為自己的精神寄託。

像這樣依賴「靈性」事物，受到「靈性」的人洗腦，逃避現實的結果，只能得到短暫的安心。

其實這些依賴，都不能做為令人安心的依歸。

如果你依賴這些信仰，只是被剝奪自由、受到洗腦，產生壓力的心理不會有任何改善。

諸人恐怖故，去皈依山岳，
或依於森林，園苑樹支提。

法句經188

此非安穩依，此非最上依，
如是皈依者，不離一切苦。

法句經189

一五〇

防禦內心的混亂

心這樣的東西，往往上一刻才想著：「就這麼幹」，下一刻就立刻動搖：「還是算了吧」；上一分鐘才覺得：「好喜歡」，下一分鐘就覺得：「大概是心理作用吧」，心總是搖擺不定。原本心想：「不要再浪費時間玩手機了」，卻又在下一刻茫然地想著：「他怎麼還不回我簡訊呢？」就這樣，持續在防禦內心的混亂上，防守失敗。

心這傢伙，實在很難駕馭呢！受到追求快感麻醉的欲望驅使，被欲望牽著鼻子到處走，因而心靈無法自由。應當擦亮監測內心的意識感應器，敏銳地控制受愉快、不快擺布的心靈。就像是製作箭的工匠，把彎曲的箭拉直回復成優美的直線一般。

輕動變易心，難護難制服。
智者調直之，如匠搦箭直。

法句經33

一五一

從你不自由的心得到自由

當你受制於負面情緒時。

例如被「過去的工作碰巧都能順利完成，這次的工作大概會失敗」的不安所籠罩。

這種時刻，你的心就如從水裡被釣到陸地上不停拍打跳動的魚，拚命想掙脫煩躁的情緒。

由於拚命想掙脫煩躁的情緒，反而更受到煩躁的情緒控制，受困於不自由的處境中。

無法照你的思考行事，任意搖擺不定的心。

要抓住心的動向十分困難，在不知不覺中，你的心輕易地產生「和剛剛不一樣的思考」、「和剛剛不一樣的情緒」，玩弄著你。

你必須練習熟稔地掌控有如惡霸的內心，讓它平息。
若是能夠控制內心，有如隨心所欲地駕駛車輛般，你就能得到自由與悠然的平靜。

如魚離水棲，投於陸地上，
以此戰慄心，擺脫魔境界。

法句經34

一五二

從愉快與不快的情緒中得到自由

眼睛看到的、耳朵聽到的、鼻子聞到的、舌頭嘗到的、全身感受到的觸覺，以及心靈接觸到的思考。

當你接觸到這六項訊息時，如果只是渾然不覺，你將會在不知不覺中當聽到音樂時，感覺「好棒的音樂」，或是「勾起討厭的回憶」覺得不愉快，心情受影響，受到快感及不快所支配。

若是受到痛快、不快的神經訊息支配，聽從基因、受命運撥弄而跌落邪門歪道，你就成了失去自由的奴隸。

但是，如果你能看守六種訊息與你接觸的入口，就能停止訊息被自動轉化為愉快或不快的情緒。

每當接觸從眼耳鼻舌身意六道門進來的訊息，都能防禦住不對內心產生作用，你就不會再被這些訊息撥弄，能夠掌握自由。

受諸觸控制，追逐生存水流，
進入歧路，這樣的人無法消除束縛。

經集736

理解諸觸，樂於平息諸觸，
這樣的人洞悉諸觸，沒有欲望，達到徹底平靜。

經集737

一五三

從知識中得到自由

沒有設法提高自己掌握內在的力量、專注力、平靜的能力，卻想要藉著增加知識來提高這些能力，是愚者的證明。

哲學、政治、經濟、心理、文學、各種語言等不同領域的知識囫圇吞棗的結果，腦中的主記憶體塞滿大量不必要的雜亂情報，只會使頭腦混淆。

「好不容易學來的知識，當然想跟別人炫耀！」、「好不容易學來的知識，當然希望能夠應用呀！」這些對於知識的執著，使得你不知不覺間受到所學知識的支配。

如果只能透過這些知識過濾你對事物的認知，你將會變得不幸。應當遠離只會使頭腦變混濁的知識過濾器，直接去感受事物。

愚夫求知識，反而趨滅亡，
損害其幸福，破碎其頭首。

法句經72

一五四

從他人的評價中得到自由

不管狂風咻咻地吹得多麼強勁，山一點都不會動搖。
我們可以向山學習的是——
即使被他人責難「討人厭的傢伙」，或是被人吹捧「好厲害的人」，
都應當讓這些話如輕風拂過，
內心能夠平靜毫不動搖。

受到責備就覺得痛苦，內心將失控而失去自由，
被戴高帽就得意揚揚，內心將混亂而失去自由。
若是受到訾議的狂風來襲，你也能穩坐如山，
你的心不管在任何處境都能自由自在。

猶如堅固巖，不為風所搖，
毀謗與讚譽，智者不為動。

法句經81

一五五

從快感與痛苦中得到自由

為了傾聽自己內在的聲音，
擦亮意識感應器的你，
察覺痛苦是因為欲望而引起，
就能毅然決然拋開欲望吧？
「現在不說出來，應該比較好！」
容易衍生這樣的思考，但在你內心蠢蠢欲動的自言自語，
令你還是產生想要說出口的欲望吧？
如果你覺察因為那樣的欲望導致身心不愉快，
就能停止無意義的閒聊，而變得行止優雅。
「我好想要快樂！」、「我不喜歡痛苦！」
你若是能捨棄這些欲望，
你的心就能得到平靜。
就算別人對你體貼而感到愉悅，

你不會因這樣的愉悅而趾高氣揚；
就算別人冷落你造成你的痛苦，
你也不會因這樣的痛苦而頹廢喪志。
這麼一來你的手中，
就能擁有自由，不會受到快樂及痛苦情緒起伏的支配了。

善人離諸欲，不論諸欲事。
苦樂所不動，智者無喜憂。

法句經83

一五六

即使是我說的話，都不該依賴

你為了渡過河川而使用木筏，
想像一下渡過河川之後你會怎麼做？
「這個木筏幫了我一個大忙，所以不要丟掉它，帶著它上路吧！」
你因為這麼想而扛著十分笨重的行李，
沉重不堪的行李，妨礙你的步伐，使你無法順利地前進。
你的成績也好、學歷也好、工作資歷也好，就和這個木筏一樣。
就算我說過的話、教誨或真理，
也不過就像這個木筏，
只要我的教誨你已經學會運用，就該毫無眷戀地捨棄。

「諸比丘！予度脫汝等，不為執著而說筏喻之法，諦聽！善思念之！今將說之。」彼等比丘「願樂欲聞！」以應諸世尊。如是世尊曰：「諸比丘！譬喻有人行於山道，見其有大水流，而此岸有危險且恐怖，彼岸安穩而無恐怖，而且從此岸往彼岸無有渡舟，又無橋樑。彼乃思之：『此甚大之水流，而且此岸有危險恐怖，彼岸安穩而無恐怖，而且從此岸往彼岸，無有渡舟，又無橋樑。然，我收聚草、木、枝、葉以作筏，依其筏，以手足努力而渡於安全之彼岸。』諸比丘！於是彼人收聚草、木、枝、葉以作筏，依其筏以手足努力，渡於安全之彼岸。渡之以達彼岸，彼以生如次之念，即：『此筏於我有多饒益，我依此筏以手足努力而達安全之岸，然我從此筏或以戴於頭，或以擔於肩，如所欲而行。』諸比丘！其意如何耶？彼人如是對於彼筏應如是為者乎？」〔諸比丘曰：〕「不然！世尊！」〔世尊曰：〕「諸比丘！彼人對彼之筏應如何為之乎？諸比丘！如是渡達彼岸之彼人，作如次之念，即：『此筏對我多所饒益，我依此筏以手足努力而渡安全之岸，然，我以此筏，或置於岸上，或浸於水後，如所欲而行。』諸比丘！彼人如是為者，對彼筏以應為而為者也。諸比丘！如是，予為度脫不令執著而說筏喻法。諸比丘！汝等實從筏喻知法亦應捨離，何況非法耶？」

一五七

空的自由

不要執著於金錢或物質的增加，
應當以意識的感應器，好好地辨識最適合自己的食物量，
不要攝取過度，你的身體就能輕鬆無負擔，
你的心就不會受拘束，不管到什麼地方都能保持「空」的狀態，
這樣的自由是無色透明，他人不容易看見的東西。
就像在天空自由飛翔的小鳥，牠所飛過的軌跡，
透明而無法以肉眼看見。
即使他人看不見、難以理解，
你仍應以「空」為目標，為超越自己而努力。

彼等無積聚，於食如實知，
空無相解脫——是彼所行境，
如鳥遊虛空，蹤跡不可得。

法句經92

十

學習慈悲

即使你過去曾是犯罪者

即使你曾經是以刀斬殺千人，
收集受害者的手指，以線穿過，將它製成項鍊的殺人魔。
犯了這個罪行的你拚命地修行，
終於有一天開悟[2]。

這樣的你看到因為難產而受苦的婦人，
你的同情心油然而生——「唉！這麼痛苦真是可憐！」
你靠近婦人只需這麼說：
「我自有生以來，
便不曾有過故意奪取生命之事。」

一五八

2 譯註：指的是釋迦牟尼弟子鴦掘魔羅。他原本信奉婆羅門教，其師教授他升梵天秘法，要殺千人，以他們的手指來做成項鍊。後受到佛陀的教導，痛改前非，最終獲得阿羅漢果。

但若你認為這就成了謊言，你只需這麼說：
「我自悟道皈依佛門以來，
便不曾有過故意奪取生命之事。
我誓願以真實的誓言，
以我的生命保護新生的生命，只要妊婦能夠平安分娩。」

中部經典《鴦掘魔羅經》

一切生物都不願死亡

一五九

這個世界上的所有生物，不管是水蚤、細菌、長頸鹿、小貓、小狗、蝦、螞蟻、餓鬼、流行性感冒病毒、人類、金龜子、白頰鼯鼠，所有生物都害怕遭到攻擊。

所有的生物，都有拚命逃避死亡的生存本能。

你的內心深處自然也有「不想死亡」的念頭。

若是閉上眼睛，靜下心來思考「事實上其他生物都和我一樣，並不願意死亡」，不管對任何生物你都不會故意殺死，或是唆使他人殺害生命。

一切懼刀杖，一切皆畏死，
以自度他情，莫殺教他殺。

法句經129

一六〇

了解其他生物也和你同樣愛惜自己

我曾經在世界各地探索，尋找是否有愛之勝過「自己」的事物，結果遍尋不著有任何事物，我對它的愛勝過「自己」。

其他生物也相同。

不管是人、動物或細菌，對一切生物而言，都是最愛「自己」。所有的生物都是自戀者。

因此，若是你愛惜自己，就不該傷害其他生物。

心雖歷諸方處所，何處更有愛己者，
此己各各如他人，然而愛己不害人。

小部經典《自說》

不能買賣的東西

為了你自身，不要買賣下列的五項物品。

劍、炸彈、戰鬥機等武器。

人。

宰殺動物的肉。

酒。

毒藥、興奮劑等具毒性的東西。

不要累積傷害其他生物的惡業，以你的慈悲心，選擇買賣的物品。

一六一

諸比丘！優婆塞，不可作此等五種販賣。

何等為五？即：販刀劍、販人、販肉、販酒、販毒。

諸比丘！優婆塞，不可作此等五種販賣。

增支部經典

一六二

讓一切眾生都平安無事

靜不下來，老是來回奔跑的生命、
沉穩自在的生命，
讓牠們平安無事。
或是，不分巨大、大、中、小、微小等不同體型大小，
讓牠們平安無事。

不論是曾經見過的生命、
不曾見過的生命、
不論看得到、看不到，
讓牠們平安無事。

不論是剛出生或已經年老、
抑或即將出生的幼小生命，
讓一切眾生，平安無事。

經集146

凡有生命者，或強或弱，
或長或短，或大或小，或粗或細。
或可見或不可見，或近或遠，
或生下或有待生下，讓一切眾生都快樂！

經集147

一六三

練習對眾生慈悲

不要欺騙他人。
不管任何時候、任何對象，
都不要輕賤他人。
不要讓內心受制於忿怒的思考，
自尋彼此的痛苦。

就像母親懷抱自己的孩子，撫慰著：「好乖！好乖！」
滿懷著愛情接受孩子。
對於一切眾生，
你應當練習——
孕育無限的慈悲心。

不要欺騙他人，不要蔑視任何地方的任何人，
不要出於忿怒和仇恨而互相製造痛苦。

經集１４８

猶如母親用生命保護自己的唯一兒子，
對一切眾生施以無限的仁慈心。

經集１４９

一六四

對一切衆生，施予慈悲心

對自己的上方施以慈悲心、對自己的下方施以慈悲心，
對自己的旁邊施以慈悲心、對自己的前後左右施以慈悲心，
沒有好惡區隔、
沒有妒恨、沒有敵意，
練習對一切眾生，
施予慈悲心。

對整個世界施以無限的仁慈心，
無論在高處、低處或地平處，
不受阻撓，不懷仇恨，不抱敵意。

經集150

一六五

除了睡覺以外的時間，都要心懷慈悲

佇立的時候，
行走的時候，
坐下的時候，
躺著的時候，除了睡著以外的時候，
都能保持慈悲心。
這樣的話，你就達到與梵天相同的境界。

無論站著、走著、坐著、躺著，
毫不糊塗，恪守這一思想。
人們說這是人世的梵界生活。

經集151

十一

悟

已經不再重生

才以為已經結束那一世，
卻立即輪迴重生，
開始這一世……
一再地輪迴令我極度痛苦。

一六六

人死後，支離破裂地分成
身體、神經、記憶、能量、意識等五個部分。
分離的部分經過再度組合，
重建成名為人生的這棟房屋，它的幕後黑手究竟是什麼呢？
我無法看穿它的真相，
一而再，再而三地輪迴轉世。
人生造屋者的幕後黑手啊！
你的真實面貌是喧擾著「好想要！還不足！」的生存本能，
我總算看透了。

你用煩惱與無知來重建的造屋材料，
已經完全破壞無遺，
我下一次的死亡之後就不會再重生了。
因為我的內心，將遠離繼續重生的能量，
回歸寧靜，
摧毀生存本能，成為佛陀。

經多生輪迴，尋求造屋者，
但未得見之，痛苦再再生。

法句經153

已見造屋者！不再造於屋。
椽桷皆毀壞，棟樑亦摧折。
我既證無為，一切愛盡滅。

法句經154

一六七

捨棄一切思想與哲學

讓我告訴你，我完全沒有存著「我的觀點是○○」的思想。因為就算對一切思想抱著執著，也只會從執著產生痛苦。

留意一切觀點及一切思想，當中擾亂心的物質，我並不去抓住任何觀點。

因為我捨棄了哲學與思想，以坐禪冥想，尋找出內在的安適。

世尊說道：「摩根提耶啊！我要說的是：
我考察萬事萬物，不予採納；
我觀察各種觀點，不予採納；
我識別和看到內在的寧靜。」

經集837

一六八

即便只執著於小小的好惡

你若是執著於一些小小的好惡，你將失去智慧，禪定的力量也會消逝。

當你失去禪定的力量，開始坐立不安，明心見性的智慧就會消失。

你若透過冥想而生禪定與智慧，你將能處於內心安寧的境地。

無慧者無定，無定者無慧。

兼具定與慧，彼實近涅槃。

法句經372

一六九

以坐禪滅火

一切都在燃燒。
劇烈地燃燒著。

你的眼睛在燃燒。你的視覺在燃燒。
你的耳朵在燃燒。你的聽覺在燃燒
你的鼻子在燃燒。你的嗅覺在燃燒。
你的舌頭在燃燒。你的味覺在燃燒。
你的身體在燃燒。你的觸覺在燃燒。
你的意念在燃燒。你的思考在燃燒。

這些是憑藉什麼而燃燒呢？
憑藉欲望的火焰而燃燒，
憑藉忿怒的火焰而燃燒，
憑藉迷妄的火焰而燃燒，
五感與意念持續地受到刺激，
內心不得一刻安寧的火焰地獄。

若是以坐禪熄滅這些火焰，
就能從你的身心正中央，
找到深沉的安適自在吧！

讓心專注於「當下，這一瞬間」

一七〇

回想過去不覺得悲傷，也不茫茫然地空想未來，
只是一心一意專注於「當下，這一瞬間」，
你的表情就會充滿活力，一下子開朗起來。

要是你的心很不快樂，
「去年夏天是那麼的快樂……」
「下星期能見得到他嗎？」
內心一味地沉浸在過去與未來的非現實狀態，
不久你的身心就會開始疲憊不堪，
宛如被拔除後，開始枯萎的草一般。

不悲過去事　未來勿憧憬　若持身現在　顏色即朗悅
憧憬於未來　悲於過去事　諸愚之為此　如刈綠葦萎

相應部經典

一七一

世界都在動搖變化中

我們的內心所創造的擴展在眼前的世界，沒有任何可依附的場所。若是以微細的標準來看這個世界，就會發現它不斷地動盪搖擺，沒有任何一處可依靠的地方。

我從以前就一直在尋找一個安身之處，不會四方動盪不定，能夠自由自在的安適場所，卻始終尋覓不著。

世界毫無價值，四方動盪不定；
我想為自己找個住處，卻找不見一處無人居住。

經集937

一七二

諸行無常

諸行無常，也就是世上的一切都源源不絕地產生變化。
這個會消逝，那個也會消逝，一切都會消逝。
掌管物質和心的一切能量，若是以微細的標準觀察，即使是一瞬間，也都不安定，不斷地崩壞又不斷地新生。
這些變化以劇烈的速度重複不斷地處在不安定的狀態。
你無法緊緊地抱住什麼地方不放。

如果透過坐禪冥想，
切身感受從腹部底層產生的衝擊，
你就能脫離痛苦，你的內心也會清靜安適吧！

「一切行無常」，以慧觀照時，
得厭離於苦。此乃清淨道。

法句經277

一七三

諸法無我

諸法無我，也就是說世上所有的東西，都不屬於自己。
這個也是，那個也是，一切都是。
一切心理現象及物理現象，都不屬於自己。
這個身體、這個感覺、這個記憶、這個好惡、
這個意識、這個世界，都不屬於自己。

如果透過坐禪冥想，
切身感受從腹部底層產生的衝擊，
你就能脫離痛苦，你的內心也會清靜安適吧！

「一切法無我」，以慧觀照時，
得厭離於苦。此乃清淨道。

法句經279

一切行苦

一切行苦，也就是這個也苦，那個也苦，一切都苦。
掌控物質與心的一切衝動能量，
除了痛苦什麼都沒有。
即使是腦內錯覺快樂的感受，其實仍是痛苦。
因此執著完全沒有意義。

如果透過坐禪冥想，
切身感受從腹部底層產生的衝擊，
你就能脫離痛苦，你的內心也會清靜安適吧！

一七四

「一切行是苦」，以慧觀照時，
得厭離於苦。此乃清淨道。

法句經278

一七五

苦是神聖的眞理

痛苦是神聖的真理。

人一出生便痛苦地哭叫，

每一分每一秒，細胞逐漸崩壞，

老化現象也是苦。

體內的種種疾病，在體內悄悄地惡化也是苦。

不久身體產生毛病，

直接面對死亡也是苦，

生、老、病、死，一切都是苦。

長部經典《大念處經》

怨憎會苦

只要活著，你就一定會產生——
討厭的狀況、不喜歡的聲音、令你掩鼻的氣味、倒胃口的味道、
厭惡的觸感，
每當厭煩的思考來襲，就會刺激你痛苦的神經。
因此，討厭你的人一定也會招徠你的業。
每當和他們在一起，就必須承受痛苦，
這是必然的真理。

長部經典《大念處經》

一七七

愛別離苦

「想見面」時無法見面，
「想要聽」時聽不到，
「想要聞」時聞不到，
「想品嘗」時嘗不到，
「想觸摸」時摸不到，
「希望能想起來」時想不起來，
每一次遇到這些狀況，
痛苦的神經刺激便在你的內心掀起狂瀾。

長部經典《大念處經》

一七八

求不得苦

就像伸手搆不著的高嶺之花，看起來總比實際上更美麗；無法到手的東西，比任何事物更能煽動人的欲望。

看似無法到手的東西，追求「遙不可及」的憧憬時，你的痛苦神經強烈地受折磨，緊張而興奮不已。

不可能實現的願望，代表的例子有下列四項：

「根本不想被生下來。」

「不想變老，想變得更美麗。」

「根本不想生病。」

「不想死。」

每當抱著這些願望時，痛苦就會折磨你的身心。

長部經典《大念處經》

一七九

五蘊熾盛苦

你的身體，以及
傳達快樂或痛苦的神經組織，
儲存過去記憶的結構，
身心的意志、衝動能量，
認知、接收訊息的機能。
這五個部分製造出你，但不管怎麼看這五個部分，
都滿溢了痛苦。

長部經典《大念處經》

一八〇

產生痛苦的機關

你的身心內部有著不自覺的領域，
從這個黑暗的領域中，無意識衝動能量翻湧而上。
因為這股衝動能量，不知不覺中，意識開始活躍。
然後，身心的神經網絡開始行動，
接著，眼、耳、鼻、舌、身、意六道門，
開始決定它們接下來的感覺。
在這種狀況下，在你不自覺中，訊息不斷地傳送到感覺器官。
處理這些訊息，快樂及痛苦的腦內信號由此而生。
快樂及痛苦在不自覺的狀況下，
產生「快樂→欲望」「痛苦→忿怒」的反應，

而這樣的反應在不自覺的狀況下，
逐漸變得模式化而衍生執著。
當自己的反應模式化，卻不自覺時，
特定的模式就會支配你，
產生「自我認同」的幻覺。
這股僵化的能量製造出一個嶄新的你，
而這樣的你將再度老化、死亡，
一切都與痛苦相繫相連。

長部經典《大念處經》

一八一

造成痛苦元凶的神聖眞理

讓我告訴你，痛苦的元凶，受到生存本能的命令，
在腦中持續大量分泌快感的腦內興奮劑，
也就是渴愛的詛咒。
「好想成為〇〇的自己唷！」這種尋求認同的幻覺，或是
「△△的自己真討人厭！」這種自我否定產生的一刻，腦內興奮
劑便大量分泌，使你中毒越來越深。

長部經典《大念處經》

一八二

消除痛苦的神聖真理

胸口因匱乏感而產生的黑洞，
也就是渴愛，
只要能斬草除根消滅殆盡，
痛苦就能徹底消失。

長部經典《大念處經》

十二

面對死亡

一八三

死亡總有一天將登門拜訪

你總有一天必須面臨身體衰老、死亡來臨的一天。
在那一天來到之前，我有話應當對你說。
你應當放手「好想要！根本不夠！」的欲望，讓內心安適。
你應當放手對於從過去到現在累積的記憶的執著，
輕鬆自在地，活在此時此刻，不要思考多餘的事情。
這麼一來，你的心就能非常柔軟，
對所有的事情抱著「沒什麼大不了」的態度了。

世尊說道：「在身體毀滅以前就已擺脫貪愛，
不執著開頭和結尾，也不考慮中間，他不崇拜任何事物。」
經集849

一八四

如果你死亡之後

即使夢境中，你的床上有著你最愛的戀人，
展開纏綿悱惻的愛情故事，
當夢醒時，你再也見不到你最愛的戀人，
即使聽到「我為了你把飯做好了」，
也無法再感受到任何喜悅，
在被窩中與睡意對抗，按掉鈴聲大作的鬧鐘，
然後不得不起床去工作。

宛如從夢中醒來，
你與最重要的人，只有在死後才能再相見。

正如醒著的人看不見夢中相遇的情景，
人也看不見亡故的親人。

經集807

死後唯一能帶走的東西

一八五

食物、金錢或貴重珠寶，以及所有物品，
在你死亡的時候，一樣也帶不走。
你的傭人、員工、周遭受你影響的人，
在你死亡的時候，你誰也帶不走。

死亡，就是失去一切。

死亡時唯一留在你手中的，
是你在這一次人生中以身體行動的業、
話說出口的業、
內心思考的業，
僅僅如此而已。
你只能接受這些報償，
展開你的旅程。

你的業將一直跟著你，
如影隨形。

因此，你應調整思考、言語、身體，
為你的未來累積善業，
善業對於未來的你而言，就會是唯一的財產。

穀物富金銀　如何為所有　奴下男傭人　及他從屬者
悉皆不隨行　一切皆離去　依於身之行　以及口意行
唯此彼身物　即隨之而行　一切皆依業　如影之隨形
然則行善事　積善為未來　功德是後世　眾人渡津場

相應部經典

一八六

進行死亡冥想

讓我來告訴你，當你看到人、貓、魚、雞、螳螂、蟋蟀等生物的屍體時，就是進行死亡冥想的機會。

曝曬於荒郊野外，死後已開始稍微腐敗的屍體。

因為體內氣體膨脹發黑的屍體。

膿液四溢流散的屍體。

支離破裂僅存白骨的屍體。

當你看到這些屍體，自然產生條件反射，覺得「好恐怖」、「討厭」、「好傷心」，不如透過看到的屍體，觀想自己的身體死後的過程。

「我的這具軀體和這個屍體是同樣的物質，當有一天我死去時，也會和它相同。我總有一天也會死。」

你應修鍊這樣的死亡冥想，解開生存本能符咒的束縛。

長部經典《大念處經》

一八七

你也總有一天會死

足以摧毀真空的巨大岩石從前後左右逼進。

你想逃也無處可逃。

衰老與死亡就像這些來自四方的巨岩，朝向一切生命逼進。

不管是國王、僧侶、一般百姓、奴隸或身分比奴隸更低賤的人，誰都無法逃避生命的衰老與死亡。

即使你乘坐在象背上，率領軍隊與其對抗，甚至加上戰車隊或步兵隊，都不可能戰勝衰老與死亡。

即使玩弄策略，或是以金錢收買，在衰老與死亡面前，你都不會有勝算。

你絕對必須面臨——死亡。

穿空大岩山　猶四方迫來　老死之強迫　臨眾人頭上
剎帝婆羅門　毘舍首陀羅　乃至旃陀羅　下水清掃人
任何人難免　一切皆被迫　象軍無餘地　車軍及步軍
亦為無餘地　咒術亦無濟　富亦無術勝　故賢為己思
佛法及僧伽　以植於信仰　身口以至心　如法之行人
此世承讚譽　未來生大界

一八八

讓我告訴你，我的死也是自然現象

讓我告訴你，我的死也是自然現象。
我已經衰老，終究到了八十歲。
就像一部快壞掉的車子，即使以皮革補強，
勉勉強強讓車子還能前進。
我的身體以禪定的力量補強，也只是勉勉強強維持而已。

我的死已迫近眼前，
因此，你不要再依賴我，
點燃你自己的燈，不要依賴任何事物，憑一己之力前行。
你只需一面注視著內心的法則，
一面觀照你的身體、觀照你的感覺、觀照你的心。
當我的死亡來臨時，你們也許會悲慟：
「我們的導師不在了，好哀傷！」

不需如此。

我所教導給你們的法則及生存指南，

在我死後，將成為你們的導師。

阿難！我已老、衰耄矣！我之旅路將盡、年壽將滿，年齡已八十矣。阿難！猶如舊車輛之整修，尚依革紐相助，勉強而行。

因此，阿難！以自作洲，自作歸依，勿歸依他人，以法為洲，以法為歸依而住，勿勿歸依他人！

阿難！若於汝等中，有作如是思惟：「大師之教言滅，我等無復有大師。」阿難！勿作如是見，阿難！依我為汝等所說之法與律，於我滅後，當為汝等之大師。

長部經典《大般涅槃經》

一八九

這個世上沒有永恆的事物

我確實不久就要死亡。
但你們不需要傷心，也不必悲歎。
就像我過去曾經一再告訴你們的道理。
「不管是你多麼深愛的人、多麼喜歡的人，
百分之百都會在你仍活著的時候，或是死亡的時候，
面臨撕裂離別，一切都在轉變。」
一旦出生的生命、存在的事物、製造出來的東西，
總有一天都會毀壞，
即使命令「不准壞掉」也行不通。

這個世上沒有任何一項事物能維持永恆。
我的性命也不可能維持到永遠，我不久便要悄悄放下它，
這是非常自然的事情。

止止，阿難！勿悲、勿慟哭。阿難！我往昔豈非如是告汝乎！
諸法皆如此，凡一法之生起，則具破壞分離之必然性，要其不壞、
不分離則無是處，近親者、可意者之別離亦復如是。

長部經典《大般涅槃經》

遺言

一切事物都在一瞬一瞬、一刻一刻地毀壞，
一點一點地消逝。
因此，即使是短暫的一瞬，你都不該浪費，
不要拖延怠慢，必須精進。

這是即將走向死亡的我，身為你的導師，
最後給你的遺言。

爾時，世尊告諸比丘曰：
「諸比丘！今，我告汝等：『諸行皆是壞滅之法，應自精進不放逸。』」
此是如來最後之遺教。

長部經典《大般涅槃經》

佛陀生涯「超精簡版」

釋迦牟尼，在他被稱為「覺醒之人」（佛陀）之前，大約距今二五五〇年前左右，釋迦族的國王淨飯王及摩耶王妃生下他，釋迦牟尼以王子身分誕生，被命名為悉達多．喬達摩。

據文獻記載，釋迦牟尼出生的迦毗羅衛國，當時是受到拘薩羅及摩揭陀兩大強國挾持之間的弱小國家。當他出生時，有一位著名的仙人預言：「這個孩子有朝一日將成為世界之王。」因而使他的父親喜不自勝。據原始佛典記載，佛陀剛生下來，立刻就能自己行走，一手指天，一手指地，說了句：「天上天下，唯我獨尊。」這是為了將佛陀神格化而虛構的故事，我們就不必記得它了。

佛陀年幼時便受到父親極大的期待，從幼年時期接受英才教育，發揮了連老師都相形見絀的才能。身為戰亂國家的繼承人，自然必須精通武術及兵法，而他在語學及宗教學的成績也表現得出類拔萃。

佛陀早年看似一帆風順的生活，其實已抹上一層陰影。就在他剛出生不到幾個月，便和他的母親摩耶王妃死別。摩耶王妃或許是產後身體狀況始終不佳，兒子出生後一直臥病在床，不久便告別人世。

雖然姨母摩訶波闍波提代替他的母親悉心照料，但是，佛陀從一出生就失去了被親生母親擁抱在懷裡的機會，他的心裡或許也曾有過匱乏與失落吧？相對地，從父親那裡接受到的，都是「為了成為偉大的一國之君，你一定要堅強」、「必須具備聰明智慧才行」等壓力。從幼年時起，沒有機會受到母親關愛，只有壓力的菁英教育，對於他的心靈，或許造成一個難以彌補的空洞。

先不管這是否對他造成了影響，各方面表現優秀的他，在成長過程中，是個時常陷入沉思、多愁善感的少年。他跟隨擁有好幾處別館的父親，依不同季節在舒適的地方生活，身邊隨時都有供他使喚的僕役，更可以隨時聆聽喜歡的音樂或觀賞戲劇。而且，若是有他喜愛的女性，輕易地就能如他所願。大家都對他逢迎奉承。

十六歲時與堂妹耶輸陀羅結婚。在過去，統治者常廣納妃嬪，因此，可以推測佛陀在當時生長的環境，令他經歷了許多「歡愉的享受」。

雖然可以說是日日縱情歡樂的生活，但佛陀幸福嗎？

答案是否定的。經常陷溺於沉思，思考著人類生存意義的佛陀，即使嘗試去感受一切享樂，卻立刻便厭膩的內心，或許只感到頹靡、空虛和寂寞吧？

我猜想，佛陀或許在青少年期輸入快感神經刺激，滿足一切「欲望」，實驗「這麼做是否能幸福」的可能性。「輸入快感A」→「暫時興奮」→「沒多久興奮便消失，覺得無趣」、「輸入快感B」→……「輸入快感C」→……「輸入快感Z」……。不厭其煩的實驗結果，他終於明白了。

「總覺得實現欲望所帶來的歡愉，其中產生的快感，只出現在腦海中短短的一瞬間就立刻消失了，空蕩蕩的內心只覺得悽涼，這絕對不能說是快樂。」

他一方面過著奢華的生活，一方面學習婆羅門教的教義，並修習瑜伽冥想。這個時期他已經十分擅長利用冥想修行來集中精神。這想必是一個開端，侵襲他內心的空虛與寂寞，使他開始探求如何超越人的生老病死所帶來的痛苦。

正當此時，就在他的妻子耶輸陀羅生下長子羅睺羅，他做了一個很大的決定。或許是因為他感到焦慮，「養育這個孩子長大，就這麼永遠埋沒於這個家，或許我將無法探求我想知道的真理。」（真是任性呀……）這一年，佛陀二十九歲。他離開妻子耶輸陀羅和剛出生不久的羅睺羅，捨棄迦毗羅衛國，只穿著一身破衣展開他的旅程，開始出家修行的生活。

他知道期待他成為優秀繼承人的父親，一定反對他出家，所以他選擇悄悄離家遠行，投身修行生活。

＊　＊　＊

當時的印度社會，已經有許多傑出的冥想法，很多人拜師入門成為弟子修行，這似乎是當時的一種流行風潮。

佛陀一開始追隨的是一位名叫跋伽婆的修行者。但是在他身邊修行之際，佛陀心中不禁產生疑惑。

「咦？總覺得跋伽婆老師的修行，是探求冥想，死後到達天界為目的。即使轉世為天界的仙人，繼續體會快適的感受，大概也無法填補我內心的匱乏感。我追求的並非在天界享樂的生活。」

於是，佛陀接著向阿羅羅．迦羅摩拜師。原本就擅長以冥想達到禪定的佛陀，很快就在老師的禪定指導下得到真傳，但佛陀並不就此滿足。

因此，他向當時成就世間最高禪定的鬱羅迦．羅摩弗多學習，成了他的弟子，終於修行到最高層次的心神合一境界。

但是，即使閉上眼睛將專注力凝聚到達最高層次「無」的境界，當停止坐禪時，擾亂內心的騷動、迷惑、忿怒等卻會再度甦醒。強力的心神合一境界確實令他得到短暫的心神寧靜，佛陀確實有很大的成長。但是，對於佛陀的目的，從內心把製造痛苦的元凶斬草除根，這些修行卻仍然有所不足。

為了探究欠缺的是什麼，他離開了老師，然後開始進行當時印度修行界中流行的「苦行」。

絕食數日、數日不眠不休地倒立著冥想、在水中止息冥想等等不一而足。

透過這些苦行，佛陀持續地給予身體痛苦的刺激，可以說每天每夜都在研究如何製造痛苦的方法。或者也可以說以自己的肉體當做試驗品，觀察對於痛苦，身心將會產生什麼樣的反應。

「絕食幾天後身體似乎會有這種反應。內心會產生『我還不想死』的恐懼。原來如此。」或是「當身體被逼迫到極限時，血壓會產生這種變化，呼吸會變成這樣……原來如此。」

如果說他最初的二十九年是持續給予身體「歡愉」，觀察內心將產生什麼變化的實驗研究，後面的這六年的「苦行」期間，則是轉換成持續給予身體「痛苦」的實驗研究。

只不過，不論他給了身心多麼痛苦的神經刺激，都只造成他肉體不斷的衰弱，仍無法達到他「擺脫內心痛苦」的目的。可以說一如他最初二十九年的研究失敗，接下來的這六年同樣以失敗宣告落幕，而且，還被逼迫到幾乎形同皮包骨，形銷骨立，瀕臨垂死邊緣的狀態。

因此，他終於了解：要如何填補心中的「匱乏」，答案無法透過苦行找到。就在他生命垂危之際，一個名叫蘇佳達的牧羊女發現他，「唉呀！這麼下去不得了，一定要吃點東西才行。」於是便以酸奶煮成羊乳糜拿給他吃。已經明瞭「苦行」無法達成目的的佛陀決定停止絕食，他一口一口地啜飲著羊乳糜，逐漸恢復體力。

停止苦行及絕食的佛陀，受到其他修行者的唾罵：「沒出息的傢伙」，同伴都離他而去。但是，恢復體力的他並不在意別人的唾棄，他開始在菩提樹下靜靜地坐禪。當時他只是連日連夜地坐禪，沒有運用過去學習的心神合一的冥想方式，只是透過冥想本身的專注力，觀照自己的內心。

在禪定強力的專注狀態下，覺察自己內心時，他終於豁然開悟，察覺心靈構造下意識的最深層部分，其中所隱藏的心靈扭曲的部分，將其完全斬草除根。同時，更悟出掌控身心的法則而終於解脫，頓悟成佛，悉達多・喬達摩成為「覺醒之人」。這時候，佛陀三十五歲。

但是，就如同他在經典中說過的，他產生了短暫的疑惑。

「我所明瞭的道理，世上許多因為欲望及忿怒而苦的人，他們能夠接受嗎？他們大概難以理解吧？或者，我只需獨自在這裡靜坐就好呢？」

經過一陣子的思考後，他決定先去找原本拋棄他的五個修行者，向他們說法。他們五個人一開始對他採取非常冷淡的態度。佛陀對他們說：「你們應當記得，過去我從來不曾說過自己開悟吧？現在我卻自稱已經開悟，你們難道一點都不好奇『究竟發生了什麼事』嗎？」佛陀試圖勾起他們的興趣，這一招奏效了。

「既然這樣，我們就聽聽你怎麼說。」對於願意聆聽的五個人，佛陀高聲地宣稱，要消除痛苦，只需把內心的匱乏感（想要東西的欲望）完全去除得一乾二淨就可以了。而且，佛陀更進一步教他們他所想出來的實踐方法。

就這樣，五個人在不知不覺中成了佛陀的弟子。特別是其中一位弟子——阿若憍陳如，優先於其他弟子先開悟，達到修行境界。

從一開始對五個人說法，是佛陀生命過程中被奉為「師尊」的起步。而且，他也透過說法，能夠確實知道有人了解他的開悟。

＊　＊　＊

之後，從佛陀三十五歲到八十歲死亡的四十五年期間，佛陀遊走印度各地說法，指導弟子或傾聽他人訴說苦惱。

剛開始，聽他說法的人數極少，不過，曾經因為某個機緣，弟子一口氣增加了千人左右。

佛陀一行人到了吠蘆衛羅村，那裡有著以事火外道的儀式來進行冥想修行的團體。其中的領導者優樓頻羅・迦葉，一開始雖然和佛陀發生爭論而起衝突，之後反而被佛陀的人格感化而誓願成為佛陀的弟子。優樓頻羅・迦葉有兩個弟弟，他們兄弟三人原本門下有弟子千人，但三兄弟卻帶領所有弟子，全部加入佛陀門下。

若說弟子人數大增為邁向幸福之道，倒也未必。不久，佛陀聲名遠播，隨著慕名而來的人數大增，弟子的素質也開始良莠不齊。

最早期的成員，在成為佛陀弟子之前就已經達到某個境界，所以教導他們也很容易。然而，當弟子人數增加到千人、五千人、一萬人時，有些人甚至因為「太窮困活不下去，先加入佛陀門下求頓溫飽」而加入。這些人在修行期間彼此爭論、吵架，對城鎮裡的人造成麻煩，發生了許多問題。

原本不需要任何規矩也能相安無事的佛陀弟子，由於規模突然大增，迫於無奈只好制定了侷促的規矩。

除了必須制定麻煩的規矩來約束弟子，人數陡然大增，也引起其他宗教指導者的嫉妒而迫害他們。尤其是佛陀不管水蚤、蚊子、鳥類等動物一律平等；不分貴賤，任憑你是國王、平民百姓還是奴隸，都一視同仁，完全否定身分差別的做法也招徠反感。

當時或說現在的印度，都是以嚴格的身分制度管理社會。尤其是種姓制度下，社會地位最高的婆羅門祭司更是大為反感，不斷地以流言中傷及找他們麻煩。

揣想當時這樣的社會背景，對於佛陀一再向弟子重複訓示：「不論受責難，或是被稱讚，都不要因此動搖。」其中蘊含著無比沉重的深意。

佛陀不論受到什麼批評或挑撥，都平靜地不為所動，看到他如此令人敬佩的德行，對於佛陀的評價或許反而更為升高。

曾有一位受到佛陀感化的婆羅門祭司，向佛陀請願：「我不要再信婆羅門教，請收我做弟子。」佛陀對這項請求的回答，令我覺得非常敬佩。

「你身為婆羅門祭司，必須為許許多多的信眾舉行儀式，那是你的**宗教工作**。若是你拋下工作到我這裡來，豈不是不負責任。你只需要繼續你的工作，在你休息的時間，來向我學習冥想即可。」

從這段話可以看出，佛陀所教誨的內容，並沒有否定其他宗教，而且也可以從這段話中看出，佛陀間接的表示，自己所教的**並不是**宗教。

如果佛陀教導的是「宗教」，想要實踐時，其他的宗教信仰就會造成妨礙。因為宗教都是宣稱「只有我的教義才正確」。

然而，佛陀所教導的是如何駕馭內心的心理學及訓練方法，由於其中沒有任何宗教色彩，所以不管婆羅門教徒也好、耆那教徒也好、回教徒也好，全都可以運用。

* * *

佛陀的信眾在印度不斷擴大，前來聽他說法的人之中，還包括了大國摩揭陀國的頻婆娑羅王。他的故鄉迦毗羅衛國的族人也紛紛慕名而來，成為他的弟子，就連他的兒子羅睺羅也加入他的門下。

本書雖然沒有收錄，不過在經典中，佛陀不厭其煩地教導羅睺羅如何修行，以及保持內心平靜的描寫，是一段保有適當距離卻充滿父愛的美麗詩篇。

但是，他的苦難，故鄉迦毗羅衛國的滅亡消息終於傳到他的耳中。由於激怒鄰國拘薩羅，被拘薩羅國一舉入侵而遭到滅國。自己捨棄的故鄉遭到消滅，或許他也感到十分感慨、覺得他自己也有責任吧！

為了避免超過篇幅，所以只能略過不提，但我必須說佛陀的餘生仍充滿了無數的苦難。

曾經是佛陀優秀弟子的提婆達多，對於禪定有極深的領悟，卻因為意見不合與權力鬥爭，後來離開佛陀，另外成立教團。在原始佛典中甚至寫了一段故事，說提婆達多曾經從高山上推落巨岩，想殺害佛陀。雖然在佛典中被記載為十惡不赦的壞蛋，但他實際上過著比佛陀更嚴苛的修行生活。他向佛陀建議恢復過去的修行者生活型態而被拒絕，所以才率領仰慕他的信眾離開佛陀的教團，另行創教，歷史上似乎是真有其事。

令佛陀慨歎的還有一件事，那就是佛陀最信賴的兩大弟子——舍利弗及目犍連，都因病而死，「竟然會發生這種事，我本來打算在我死後，由舍利弗成為我的後繼者……。」

不斷地克服多重的試煉及難關，佛陀最終在八十歲死亡時，跟隨他的阿難陀，以及尚未開悟的弟子都心生動搖而悲歎不已。佛陀對於這些還不成熟的弟子，直到死前都還以師尊的身分繼續說法。他因為弄壞腸胃而臥病在床，直到臨終最後一刻，仍然告訴他的弟子：

「你們不需要悲歎。就如我的身體如此衰弱下去一般，一切事物也是一瞬一瞬、一刻一刻地毀壞，一點一點地消逝。因此，即使是短暫的一瞬，你們都不該浪費，不要拖延怠慢，必須精進。」

即使是面對自己的死亡，都仍做為說正法的教材，直到最後一刻都還聽到他這麼慰勉弟子們，心裡一定覺得很感動吧！

成為所有人導師的佛陀，就這麼在他八十歲時結束他的生涯。

❃ ❃ ❃

佛陀生涯的介紹到此結束。接下來，我想介紹其與我們熟知的「佛教」有什麼關聯。在此也是以超精簡的方式來介紹。

佛陀入滅後，有些弟子反而高興，「太好了，從今天起終於可以不必再受過度偉大的師尊管教，可以想做什麼就做什麼，我自由了！」長老級的摩訶迦葉看到這種狀況非常難過，決定將佛陀在世時所說的道理整理集結起來，讓大家都能正確的認識佛法，讓佛法永遠的流傳下去。

於是，他召集開悟的弟子，先確認佛陀曾經教導過，有關生存方式的「律」（教義），並挑選記憶力最佳的人負責背誦。

之後，長年跟隨佛陀的阿難陀，一一背誦出佛陀曾說過的「經文」，「師尊曾經說過這句話對吧？」、「嗯。師尊確實曾經這麼說過，的確沒錯。」確認後由負責的人背誦[1]，達到口耳相傳的目的。

但是，經過一段歲月之後，以口耳相傳的經文不免發生爭議。「細微的教

1 譯註：第一次集結是由記憶力最佳的阿難陀背誦佛陀曾說過的法義。阿難陀為了證明所背誦的經文都是佛陀曾說過的佛法，因此佛經開頭第一句話都是「如是我聞」，表示：「我是聽佛陀這樣說的。」

義應當有彈性地配合時代的轉變。佛陀入滅前不也說過，細微的教義要改變不是嗎？」、「不，佛陀定下來的教義絕對不可以更動。」

這些爭議導致教團首次分裂成「大眾部」（革新派）與「上座部」（保守部）。不論哪一邊的教派，都是崇拜死去的佛陀，將他神格化而形成的佛教團體。因此，在這樣的過程中，可以推想而知，經典也隨著教派自身的解讀而多少有修訂之處。

「大眾部」與「上座部」之後又各自因變化而產生分裂，隨著時代或地域性衍生出「○○宗」、「○○派」等分支。

尤其是革新派的大眾部，隨著時代與地域性的變遷，更以不同形式開花結果。日本稱為「大乘佛教」的教派，於聖德太子時代經由中國傳入日本，而後融合了日本特有的自然觀與宗教觀，進一步產生了各種不同的宗派。

綜觀世界各國、各地區，「佛教」可說以各種不同宗派大放異彩，我雖然無意讚賞其中特定的宗派，但是能夠發展出如此多樣化的彈性及能量，由此可見佛陀的教義孕育出的力量，不禁令人無限感佩。

後記

寫作這本《超譯佛經》的時期，對我而言宛如與佛陀面對面，彼此對話的時間。

雖然受委託「超譯」，一開始出版社方面就希望是「直譯而明瞭易懂的現代語」。當時，雖然邊寫邊比對英文版及我也不太精通的巴利語原文，但由於過度拘泥於地區性的「原文」，所以中途放棄這種寫法。

比較巴利語原文、英譯本、昭和初期的日文版以及現代日文版的過程中，不同譯者間微妙的語意差別間，我的內心自然地浮現「超譯」內容，因而能夠很順利地振筆直書（感謝所有的翻譯前輩）。

由於必須壓縮成每則一頁、兩頁的分量，在這樣的限制下，許多原文只好刪減。另外，內文中所寫下的「對話」，其中也包含寫作佛陀教義時，在我心中自然浮現的想法，或許難免受到「過度粉飾」的批評。這樣的「超譯」是好是壞，我想由讀者與其他傳統的譯文相較後，自行判斷。

寫作期間一再拖稿，為了贖罪，二〇一一年過年時，我減少原本冥想修行期間的坐禪時間，專心致力於與這些經典對話。雖然讓大家等候已久，但我要感謝D21出版社的干場弓子小姐，才能有這次與佛陀的專注對話。

希望本書能夠成為各位每當閱讀之際就能心念一轉，成為有興趣一再反覆閱讀的書籍。我本人也非常期待原稿印刷成書之後，能夠再次重新閱讀。

二〇一一年　新春　小池龍之介

編輯說明

雖然本書為「超譯」佛經，但為了方便讀者可以閱覽原本經文的樣貌，所以在本書中，都儘量附上從巴利文聖典翻譯過來的中文版經文，有些經文非常長，礙於篇幅的關係，只好付之闕如，附上的經文分別參考自：

《經集》郭良鋆譯
《法句經》了參法師譯
《增支部經典》元亨寺漢譯南傳大藏經編譯委員會編譯
《相應部經典》元亨寺漢譯南傳大藏經編譯委員會編譯
《小部經典》元亨寺漢譯南傳大藏經編譯委員會編譯
《中部經典》元亨寺漢譯南傳大藏經編譯委員會編譯
《長部經典》元亨寺漢譯南傳大藏經編譯委員會編譯

在此致上誠摯的謝意！

日文版參考文獻

小部經典：集結短篇經文而成。

法句經（Dhammapada）

《DHAMMAPADA》（PALI TEXT SOCIETY）

《The Dhāmmāpada》（Oxford University Press S.Radhakrishnan 譯）

《南傳大藏經》1～64（大藏出版）

《佛陀的真理之言　發人深省的言語》（岩波文庫．中村元譯）

《佛陀的福音》（Saṃmgha 出版社．正田大觀譯）

經集（SUTTA-NIPĀTA）

《SUTTA-NIPĀTA》（PALI TEXT SOCIETY）

《Sutta Nipāta》（Kessinger Publishing．Mutu Coomara Swamy 譯）

《南傳大藏經》1～64（大藏出版）

《佛陀的言語》（岩波文庫．中村元譯）

《佛陀的福音》（Saṃmgha 出版社．正田大觀譯）

中部經典：集結較長的正規經典。收錄許多有助修行的內容。

《The Middle Length Discourses of the Buddha》（Wisdom Publications．Bhikkhu Bodhi 譯）

《南傳大藏經》1～64（大藏出版）

《巴利佛典第一期》（大藏出版．片山一良譯）

《中部經典》1～4（春秋社．中村元監修）

長部經典：集結長而厚重的經典。

《The Long Discourses of the Buddha》（Wisdom Publications．Bhikkhu Bodhi 譯）

《南傳大藏經》1～64（大藏出版）

《巴利佛典第二期》（大藏出版．片山一良譯）

《長部經典》1～3（春秋社．中村元監修）

相應部經典：依主題集結而成的經典。

《The Connected Discourses of the Buddha》（Wisdom Publications．Bhikkhu Bodhi 譯）

《南傳大藏經》1～64（大藏出版）

《阿含經典》1～6（筑摩書房．增谷文雄譯）

增支部經典：依「法數」分類而成的經典。

《南傳大藏經》1～64（大藏出版）

超譯佛經
佛陀教你鍛鍊心靈自由的 190 個練習
超訳ブッダの言葉

作　　者　小池龍之介
譯　　者　卓惠娟
審　　訂　趙東明
封面設計　莊謹銘
內頁排版　高巧怡
行銷企劃　林瑀、陳慧敏
行銷統籌　駱漢琦
業務發行　邱紹溢
營運顧問　郭其彬
責任編輯　劉文琪、賴靜儀
總 編 輯　李亞南
出　　版　漫遊者文化事業股份有限公司
地　　址　台北市松山區復興北路331號4樓
電　　話　(02) 2715-2022
傳　　真　(02) 2715-2021
服務信箱　service@azothbooks.com
網路書店　www.azothbooks.com
臉　　書　www.facebook.com/azothbooks.read
營運統籌　大雁文化事業股份有限公司
地　　址　台北市松山區復興北路333號11樓之4
劃撥帳號　50022001
戶　　名　漫遊者文化事業股份有限公司
二版一刷　2022年6月
二版四刷 (1)　2022年7月
定　　價　台幣380元
ISBN　978-986-489-637-0

超訳ブッダの言葉　小池龍之介
"CHOYAKU BUDDA NO KOTOBA" by Ryunosuke Koike

Original Japanese edition published by Discover 21, Inc., Tokyo, Japan
Complex Chinese edition published by arrangement with Discover 21, Inc.

國家圖書館出版品預行編目 (CIP) 資料

超譯佛經：佛陀教你鍛鍊心靈自由的190 個練習 / 小池龍之介編著；卓惠娟譯. -- 二版. -- 臺北市：漫遊者文化事業股份有限公司, 2022.06
288 面；14.8×21 公分
譯自：超訳ブッダの言葉
ISBN 978-986-489-637-0(平裝)
1.CST: 佛教說法 2.CST: 佛教修持
225.4　　111006332

一如佛陀使用明瞭易懂的言語向世人說法，
寫成本書的用意也極為簡單。

我期待讀者拿到本書，隨手翻到任何一頁，
排列在書頁上佛陀所說的一字一句，就如涼風輕掠而過，
不著痕跡地滲透內心，將我們的心帶往正確的方向。
我們的內心受到勇氣的涼風拂過，或許是騷亂的內心因而平靜，
又或是恍然醒悟，又或者是放手執著的事物得到安適，
或是怒火能夠因而消退——這些「功效」才是寫成本書的目的。

每個人的人生都是一場修行，見自己，見天地，見眾生。
佛陀的話語如微風輕撫，讓你的心從束縛中獲釋。
從零開始，再次出發讓內在煥然一新吧！

只要活著，你就一定會產生——
討厭的狀況、不喜歡的聲音、令你掩鼻的氣味、倒胃口的味道、厭惡的觸感
生而為人，或許難逃其中，但我們可以選擇以何種姿態面對。

我們在生活中經歷的無數焦慮、憤怒、嫉妒，
甚至想要追求幸福的渴望，
佛陀都曾留下精簡、切中核心的啟示，
讓我們明白這輩子所為何來、所求為何。
小池龍之介以最貼近這個時代的精神與口吻，
將精煉的佛經智慧以超譯的形式寫就，簡單直白地傳達佛陀精神，
讓每一個人都可以得到心靈的指引，重塑不害怕、不生氣，全新的自己。

00380
9 789864 896370
漫遊者 azoth books
Discover
EG4001R 定價380元 ISBN: 978-986-489-637-0